Der schöne
Mann

Joachim Kurz

Der schöne Mann

Playboys, Dandys, Lebenskünstler

KNESEBECK

Inhalt

Von Dandys, Playboys
und anderen Lebemännern

Wer in den letzten Jahren aufmerksam die Zeitungen, Zeitschriften und die bunten Blätter gelesen hat, für den gibt es keinen Zweifel mehr: Die Zeit der schlampigen Lässigkeit ist lange vorbei; Eleganz, Stil und die Lust zur Selbstinszenierung haben die Herrschaft wieder übernommen, und zugleich erleben längst verloren geglaubte Rollenbilder aus vergangenen Jahrzehnten und Jahrhunderten eine Renaissance: Dandys und Playboys, Gentlemen und Bonvivants sind keineswegs altmodische Bezeichnungen, sondern noch immer Idole und Ideale für die Gegenwart und die Zukunft. Ihr Siegeszug macht deutlich: Die Sehnsucht nach Individualität, Glamour und Stil, nach Schönheit, die den Einzelnen aus der Masse hervorhebt, ist ungebrochen.

Dabei sind es vor allem die Dandys und Playboys, die unser kollektives Gedächtnis, unser Bild von männlicher Schönheit, Anmut und Eleganz geprägt haben und deren Faszination wir bis heute erliegen. Ein Grund mehr, einmal von dieser Warte aus einen Blick auf die schönen Männer zu werfen und zu fragen, ob es heute denn noch »echte« Dandys und Playboys gibt. Zumindest als Schlagworte sind sie längst in den allgemeinen Sprachgebrauch übergegangen – was aber verbirgt sich hinter diesen Begriffen, hinter diesen schönen Männern?

Der Dandy, so weiß es Kluges *Etymologisches Wörterbuch der deutschen Sprache*, bezeichnet ursprünglich »junge Leute, die in auffälliger Bekleidung Kirche oder Jahrmarkt besuchen«. Wäre es bei dieser ursprünglichen Bedeutung geblieben, so würden wir heute wohl kaum mehr eine Silbe über jene typisch britische Modeerscheinung verlieren. Doch es kam anders. Zwar gab es gerade im Vereinigten Königreich des 18. und 19. Jahrhunderts – in jener Zeit also, als das Dandytum entstand – die verschiedensten modischen Subkulturen wie die *maccaronis*, die *beaus*, *bucks* und *swells*. Der Dandy aber war anders. Er verabscheute das Laute, das Grelle und die allzu auffälligen Extravaganzen der anderen eleganten Herren, sondern bevorzugte schlichte Eleganz (die freilich genauso viel Mühe kostet wie auffällige Kostümierungen), vollendete Manieren und einen rasiermesserscharfen Geist. Zugleich kultivierte er die perfekte äußere Fassade auch als innere Haltung: Sein Ennui und seine Distanz zur Gesellschaft wurde zur geistigen Opposition, die sich von der aufkommenden Massengesellschaft und der krämerhaften Geschäftigkeit der industriellen Revolution abzugrenzen versuchte. Offensichtlich traf diese Mischung aus Eleganz und Haltung den Nerv der Zeit, denn zu Beginn des 19. Jahrhunderts verbreitete sich der Dandy als Typus und Held des modernen Lebens schnell in England und fand auch in Frankreich zahlreiche Nachahmer – er wurde zu einer der wichtigsten Erscheinungsformen des schönen Mannes und geistert bis heute immer wieder durch die Gazetten als Inbegriff von distanzierter Schönheit und unübertroffenem Stilempfinden.

Der Playboy entstand einige Jahrzehnte später, ebenfalls in England, wo das *Oxford Dictionary* ihn im Jahre 1828 als zumeist wohlhabend bezeichnet, als »darauf aus …, sich zu erfreuen«, und als »selbstsüchtigen Genusssucher«. Anders als dem Dandy gelingt dem Playboy als Typus nicht sofort der Durchbruch – was durchaus auch an den puritanischen Sitten des Vereinigten Königreichs im 19. Jahrhundert liegen mag. Denn im Gegensatz zum Dandy, dessen Distanz meist auch den sexuellen Bereich umfasst, versteht sich der Playboy als Hedonist in der Gefolgschaft Don Juans und anderer legendärer Liebhaber. Die Blütezeit des Playboys beginnt erst viel später, nach dem Zweiten Weltkrieg, als reiche Erben großer Vermögen, Musiker und Schauspieler Orte wie die Côte d'Azur oder Acapulco zur Spielwiese ihrer teuren Liebhabereien machen. Anders als der Dandy, den sein Sinn für Schönheit und Vergnügen oftmals in den Ruin treibt, ist der Playboy zumeist von Haus aus reich und kann sich deshalb leichten Herzens dem Vergnügen widmen.

Während der Playboy aber – nicht zuletzt aufgrund der Emanzipation – in den letzten Jahren in Verruf geraten ist und deshalb als aussterbende Spezies gelten darf, von der bald nur noch ein ebenfalls in die Jahre gekommenes Herrenmagazin künden wird, erfreut sich der Dandy nach wie vor ungebrochener Beliebtheit. Der Mythos dieses schönen Mannes ist einfach nicht totzukriegen. Sein Lebensstil, seine abgeklärte Distanz den Banalitäten des alltäglichen Lebens gegenüber, seine Ironie und sein Sinn für alles Schöne abseits flüchtiger Moden – sie scheinen zeitlos zu sein.

Wie auch immer die verschiedenen Rollenbilder schöner Männer zu unterschiedlichen Zeiten ausgeformt waren, eines verbindet sie über die Jahrhunderte und Ländergrenzen hinweg: Sie sind eine ästhetische und ethische Haltung wider die Welt, sie sind Spiegel und Zerrbild der gesellschaftlich herrschenden Werte, Selbstbestätigung und Karikatur, gesellschaftstragend und subversiv. Ihre Nachwirkungen und Rollenmuster halten sich bis in die heutige Zeit hinein, wenngleich manches missverstanden und auf die reine Oberfläche des schönen Scheins reduziert wird, wodurch unser Blick auf sie eingeschränkt und voller Vorurteile ist.

Schönheit, gerade in Bezug auf Männer, wird oft etwas despektierlich beäugt, ihr haftet der Ruch des Oberflächlichen an, der schönen Fassade ohne sonderlichen Tiefgang. Auf fast alle Männer, die in diesem Buch vorgestellt werden, trifft genau das nicht zu, was ihren Reiz ausmacht.

Schönheit, so sagt man seit jeher, liegt im Auge des Betrachters. Schön im herkömmlichen Sinne sind nicht allzu viele der hier Porträtierten. Der Schauspieler Rupert Everett ist mit Sicherheit ein schöner Mann, Cary Grant verfügt zweifelsohne über Charisma, Charme und Eleganz. Doch ist er im klassischen Sinne schön?

Herrschen hier noch zumindest milde Zweifel, tut man sich bei anderen Männern ungleich schwerer damit, sie einem gängigen Schönheitsideal unterzuordnen. Betrachtet man beispielsweise Oscar Wilde, den Dandy schlechthin, allein unter ästhetischen Gesichtspunkten, so besitzt seine Physiognomie auf den ersten Blick kaum etwas Einnehmendes. Dennoch besitzt dieser Mann das gewisse Etwas, ist sein Esprit, sein Charisma, seine besondere Art zu leben in jeder Zeile seiner Werke, in jedem Porträt und in jeder Anekdote spürbar. Ähnlich ergeht es einem mit vielen der hier vorgestellten 16 Männer, die in verschiedenen Bereichen und zu unterschiedlichen Zeiten Inbegriff von Eleganz und Glamour waren und die sich bis heute von der Masse abheben. Was also ist das Geheimnis ihrer »Schönheit«, ihrer enormen Wirkung auf uns?

Was einen schönen Mann ausmacht, ist nicht allein die äußere Erscheinung und ein ebenmäßiges, markantes und harmonisches Gesicht, es ist nicht nur die Auswahl der richtigen Bekleidung. Es ist vor allem die Haltung, mit der man(n) seine makellose Haut zu Markte trägt, das Savoir-vivre, das man keinesfalls mit dem Begriff Lifestyle verwechseln sollte, der vor allem dazu dient, Luxus- und Trendprodukte an den Mann zu bringen.

Ob man schön ist oder nicht, ob man als schöner Mann gelten kann, ist nicht zuletzt auch eine Frage des Willens. Der Maler Markus Lüpertz, ebenfalls einer der hier Porträtierten, hat es einmal in einem Interview auf den Punkt gebracht: »Man entscheidet sich, ein schöner Mann zu sein. Also ging ich von diesem Moment ab als schöner Mann durch die Welt.« Und genau das ist vermutlich das zentrale Moment aller hier versammelten schönen Männer. Mit denkbar unterschiedlichen Voraussetzungen, Gaben, Talenten, körperlichen Vorzügen und Nachteilen und auch Vermögen (im doppelten Wortsinne) haben sie sich dazu entschlossen, ihr Leben der Schönheit zu weihen und vor allem sich selbst als Werk der Schönheit zu begreifen. Man mag dies eitel nennen, egoistisch, narzisstisch. Viele der hier vorgestellten schönen Männer sind dies auch sicherlich. Doch andererseits: Aus dem Leben und aus sich selbst ein Kunstwerk zu machen – kann es etwas Schöneres geben?

Joachim Kurz

Meister
der Form

»Meine Freunde,
Stärke ist das Geheimnis.«
Beau Brummell

»Eleganz hat überhaupt
nichts mit Mode zu tun.«
Karl Lagerfeld

Beau Brummell
Der Stammvater der Dandys

Ein Dandy vom Scheitel bis zur Sohle: Beau Brummell brachte es in der Zeit des Regency durch Stil und Eleganz zu Macht, Einfluss und Reichtum – und machte sich mit seinen scharfen Urteilen viele mächtige Feinde.

Er gilt bis heute als König der Dandys und als erster Vertreter dieser exklusiven Verbindung, die sich zu Beginn des 19. Jahrhunderts von England ausgehend über ganz Europa ausbreitet und vor allem in Frankreich auf zahlreiche Nachahmer stößt. George Bryan Brummell, genannt »Beau«, hat ohne Zweifel den Stil des Dandys entscheidend geprägt. Er hat die Mode seiner Zeit revolutioniert, war einer der bekanntesten Männer der Regency-Ära und ist doch bis heute missverstanden worden. Gilt der Dandy gemeinhin als eitler Modegeck mit einem Hang zur auffallenden Kostümierung, so erweist sich Brummell als das genaue Gegenteil dieses Klischees. Er ist vielmehr der Erfinder der schlichten Eleganz und des modischen *understatement*, der alles Übertriebene, Grelle und Bunte ablehnt.

Anders als die meisten *beaus*, *bucks*, *swells*, *exquisites* und *macaronis* seiner Zeit stammt Brummell aus einfachen Verhältnissen. Er wird am 7. Juni 1778 als Sohn des Privatsekretärs des damaligen Premierministers Lord North geboren, seine Mutter ist die Tochter eines Lotteriebesitzers. Durch Geschick und gute Verbindungen bringt es Brummells Vater zu einigem Reichtum und erwirbt ein Landgut. Als er stirbt, hinterlässt er seinen drei Kindern die stattliche Summe von 65.000 Pfund, die beste Voraussetzungen für eine gute Ausbildung schafft. George wird auf die Eliteschule Eton geschickt, wo er schon früh durch die Sorgfalt und Ernsthaftigkeit auffällt, mit der er sich seiner Kleidung und seinem Äußeren widmet. Später besucht er das Oriel College in Oxford und wird Kornett im Zehnten Husarenregiment, das vom Prince of Wales, dem späteren englischen König George IV., befehligt wird. Den späteren Freund und Gönner hatte Brummell allerdings schon während seiner Zeit in Eton kennengelernt.

Obwohl Brummell den Militärdienst mit aufreizender Lässigkeit ableistet, erfreut er sich innerhalb seines Regiments großer Beliebtheit; neben seinen guten Manieren und seinem außerordentlichen Geschmack in Modefragen schätzt man dort ebenso seinen freien Geist und seinen kecken Witz. Als das Regiment nach Manchester verlegt werden soll, scheidet Brummell aus

dem Dienst aus und lässt sich in London nieder, das er bald im Sturm erobern wird. Dank der Erbschaft, die ihm nun zusteht, kann George Brummell ein sorgenfreies Leben in bescheidenem Luxus bestreiten. In seiner Wohnung in der Chesterfield Street in Mayfair gibt er exklusive Diners, an denen bisweilen auch der Thronfolger teilnimmt. Bald schon ist der junge Gentleman mit dem untrüglichen Gespür für Eleganz ein gern gesehener Gast aller exklusiven Partys und Soireen, er verkehrt in den noblen Klubs der Hauptstadt und gilt schnell als *arbiter elegantiarum*, als Schiedsrichter in allen Fragen des guten Geschmacks und Tons – und das trotz seiner einfachen Herkunft.

Brummells Interventionen in Modefragen treten just zu einer Zeit auf den Plan, als sich die Mode der *upper class* Englands zwischen Extremen bewegt: Ab der Mitte des 18. Jahrhunderts wird die Mode zunehmend von der

»Gut gekleidet sein heißt nicht auffallen.«

*»Der Dandy ist eine ganze Art zu sein,
und man ist nicht nur Dandy bloß
im Äußerlichen, körperlich Sichtbaren.«*

Barbey d'Aurevilly: Vom Dandytum und von G. Brummell

country-Kleidung des britischen Landadels bestimmt, die großen Wert auf praktische Details und Robustheit legt und die schließlich das Äußerliche deutlich vernachlässigt. Doch es gibt auch den gegenläufigen Trend: Beeinflusst von der bei Adligen beliebten Reise über den Kontinent nach Italien, der so genannten Grand Tour, erobern die *macaronis* die Theater, Klubs und Straßen mit farbenprächtigen Accessoires, auffälligen Hüten und wild gemusterten Westen. Beeinflusst von der Mode in Frankreich und Italien, gilt ihnen Auffallen um jeden Preis als Devise, mit der sie sich gegen die Farblosigkeit und den Pragmatismus des *country*-Stils wenden.

Brummell bewegt sich souverän zwischen den Polen, er vereint in seinem Stil Schlichtheit und Eleganz des Schnittes mit gedämpften Farben und großer Sorgfalt für Details wie die berühmte und bald überall nachgeahmte weiße Halsbinde, die mittels Stärke in Form gebracht wird. Freilich gelingt es nicht jedem der zahlreichen Anhänger Brummells auf Anhieb, hinter das Geheimnis des richtigen Sitzes der Halsbinde zu kommen – Lord Byron soll viele ruhelose Nächte vor dem Spiegel verbracht haben, um die gleiche Wirkung zu erzielen wie sein großes Vorbild. Selbst Brummell ist bei dieser Prozedur nicht immer glücklich. Als ein morgendlicher Besucher seinem Diener Robinson auf der Treppe begegnet und dieser eine große Anzahl an Krawatten auf dem Arm hat, beantwortet der Domestik die erstaunte Nachfrage nach dem Hintergrund mit der einleuchtenden Entgegnung: »Oh, das sind unsere missglückten Exemplare.«

Sein Credo der schlichten und unaufdringlichen Eleganz verpackt Brummell in die Maxime: »Wenn John Bull (gemeint ist damit der Durchschnittsengländer) sich nach Ihnen umdreht, sind Sie nicht gut gekleidet, entweder zu steif, zu unbeweglich oder zu modisch.« Fünf Stunden dauert angeblich das tägliche Reinigungs- und Bekleidungsritual des Dandys. Und auch sonst werden weder Kosten noch Mühen gescheut: Um seinen Stiefeln den richtigen Glanz zu verleihen, müssen diese mit Champagner behandelt werden – und zwar nicht nur das Oberleder, sondern auch die Sohlen. Außerdem beschäftigt Brummell drei Friseure: einen für den Hinterkopf, einen für die Stirn und einen für die Seiten. Brummells Sinn für Schönheit beschränkt sich nicht allein auf die Mode, ebenso legendär ist seine exquisite Sammlung von Schnupftabakdosen und Spazierstöcken, sein Sèvres-Porzellan, die Möbel und Antiquitäten, die er anhäuft.

Doch Brummell ist kein bloßer Poseur, der den Menschen gefallen will – im Gegenteil: Als erster wahrer Dandy will er seine Umwelt in Erstaunen versetzen, aber nicht verführen. Anders als dem Playboy geht es dem Dandy nicht um Eroberung, sondern darum, die Menschen durch die Erscheinung und Wesensart zu verblüffen. Die gleiche Teilnahmslosigkeit und Gefasstheit legt Brummell auch in Herzensangelegenheiten an den Tag, denn emotionale Bindungen würden bedeuten, dass man etwas anderes außer sich selbst allzu wichtig nimmt. Und so sind die amourösen Abenteuer, die man ihm nachsagt, nichts als Märchen und Legenden.

So unerbittlich Brummell seine eigene Vervollkommnung in Stilfragen vorantreibt, so vernichtend ist manches Mal auch sein Urteil anderen gegenüber. Mit einem einzigen Wort oder dem Hochziehen einer Augenbraue vernichtet er hoffnungsvolle Karrieren und bringt selbst den Prinzregenten zum Weinen, als er sich abfällig über den Schnitt seines Rockes äußert.

Doch das Glück des unerbittlichen Spötters und gestrengen *arbiter elegantiarum* währt nicht ewig. Und das hat sich Brummell auch selbst zuzuschreiben. Denn der Dandy richtet seinen beißenden Spott im festen Glauben an die Unerschütterlichkeit seiner eigenen Position auch gegen herausragende Persönlichkeiten des öffentlichen Lebens wie eben den britischen Kronprinzen. Als der Modefürst im Watier's Club wieder einmal vom Prince of Wales mit Nichtbeachtung gestraft wird, wendet sich Brummell an Lord Alvanley und fragt diesen mit lauter Stimme, so dass alle Anwesenden es hören können: »Wer ist eigentlich dein dicker Freund?« Spätestens mit diesem Affront ist der Bund zwischen dem Thronfolger und dem Dandy endgültig aufgekündigt. Hinzu kommen enorme Spielschulden, so dass Brummell bald schon nur noch vom geborgten Geld seiner Freunde leben kann.

Aus Angst vor dem drohenden Bankrott und gesellschaftlich zunehmend isoliert, entschließt sich Brummell zur Flucht ins Exil. Am 18. Mai 1816 setzt der einstige Liebling der feinen Gesellschaft nach Calais über und lässt sich in Frankreich nieder, ohne sein luxuriöses Leben merklich einzuschränken. Wie ein abgedankter Regent hält er in Calais Hof, empfängt zahlreiche Bewunderer und ist doch nur noch ein Schatten vergangener Tage, ein König ohne Land und mit in alle Himmelsrichtungen verstreuten Untertanen.

Im Jahr 1830 verlässt Brummell seine provisorische Residenz am Ärmelkanal und zieht nach Caen weiter, wo ihm der Herzog von Wellington den Posten des englischen Konsuls verschafft hat. Auch hier lebt Brummell weiter über seine Verhältnisse. Und da die Zahlungen seiner Freunde von der Insel ausbleiben, die ihn bestens versorgt wähnen, spitzt sich die prekäre Lage immer weiter zu. Als aus Kostengründen das Konsulat in Caen abgeschafft wird, gerät der einstige Dandy immer tiefer in den Strudel aus Schulden und luxuriöser Lebensführung, von der er einfach nicht lassen kann. Schließlich brin-

»Die wesentlichste Wirkung der Eleganz ist: den Aufwand, den sie erfordert, zu verbergen.« Honoré de Balzac: Physiologie des eleganten Lebens

gen ihn seine Gläubiger sogar für zweieinhalb Monate hinter Gitter. Durch die Schmach des Gefängnisaufenthalts und einen Schlaganfall, von dessen Folgen sich der Dandy nie wieder richtig erholte, sowie die ständigen finanziellen Sorgen, die ihm zusetzen, wird er mit zunehmendem Alter immer hinfälliger. Er veranstaltet prächtige Soireen für seine verstorbenen englischen Freunde, als wolle er mit aller Macht die Uhr zurückdrehen, und vernachlässigt sein Äußeres immer mehr, da das Geld für die Garderobe längst nicht mehr ausreicht. Schließlich ist er sogar gezwungen, statt der geliebten weißen schwarze Halsbinden zu tragen, da man auf ihnen den Schmutz nicht sieht. Trotzdem versucht Brummell bis zum Schluss, an seinen Gewohnheiten und seinem Lebensstil festzuhalten, wozu er seine letzten Habseligkeiten veräußert. Doch der Niedergang ist nicht mehr aufzuhalten; geistig verwirrt wird Brummell in die Irrenanstalt »Bon Saveur« eingeliefert, wo er am 30. März 1840 stirbt.

Seit dem Jahr 2002 erinnert eine Statue des Dandys in der Londoner Jermyn Street an den einstigen heimlichen König der Metropole – eine späte Wiedergutmachung.

Karl Lagerfeld
Der König von Paris

War Beau Brummell für einige Jahre der unumstrittene König von London, so ist Karl Lagerfeld mit Sicherheit der ungekrönte Regent über die französische Hauptstadt Paris und über die Modebranche, die an der Seine ihr Epizentrum hat. Seit 1958 lebt Lagerfeld dort und hat sich mit Beharrlichkeit, unglaublichem Fleiß, einem untrüglichen Sinn für Trends und nicht zuletzt dank seiner schillernden Persönlichkeit zu einem der bekanntesten Modeschöpfer überhaupt und zu einem ebenso geachteten wie gefürchteten *arbiter elegantiarum* entwickelt. Eine wahrhaft furiose Laufbahn, die trotz der Nähe zu berühmten Dandys wie Beau Brummell beinahe ein wenig untypisch für einen Vertreter dieser Gattung ist – da sie nicht tragisch endet.

Überhaupt steht Lagerfelds Leben unter einem Glücksstern – oder eher im Zeichen des Glücksklees. Denn Karl-Otto Lagerfeldt, wie er eigentlich heißt, stammt aus einer Familie, die ihr Glück diesem Symbol verdankt: Sein Vater Otto Lagerfeldt produziert die Dosenmilch »Glücksklee« und hat damit ein Vermögen gemacht. Als die erste Frau des Fabrikanten überraschend stirbt, heiratet er im Jahr 1930 Elisabeth Bahlmann, die ihm wenige Jahre später den ersehnten Stammhalter schenkt. Zwar insistiert Lagerfeld bis zum heutigen Tage darauf, 1938 das Licht der Welt erblickt zu haben, Recherchen verschiedener Zeitungen legen jedoch nahe, dass der spätere Modezar bereits 1933 geboren wird. Eine eher lässliche Schummelei, denn genauso gut könnte er zehn oder zwanzig Jahre jünger sein. Schon als Kind legt Karl großen Wert auf gute Kleidung: Auf einem alten Foto aus der Schule sieht man ihn als einzigen unter seinesgleichen mit gestärktem Kragen und einem schwarzen Schlips. Beinahe scheint es so, als habe er bereits damals den Stil gefunden, den er noch heute pflegt.

Einen Teil seiner Kindheit verbringt Karl in Hamburg, den überwiegenden Teil aber auf dem Gutshof Bissenmoor bei Bad Bramstedt. Dass die Lagerfeldts den Nazis nicht sonderlich freundlich gesonnen sind, belegt unter anderem die Anekdote, dass Karl von seiner Mutter öfters mit der Schmähung »Du bist dumm wie Ribbentrop« belegt wird. Auch nach dem Ende

»Was ich sage, ist nie länger gültig als sechs Monate.«

der Naziherrschaft wird der Junge diesen Vergleich noch oft hören müssen. Karl allerdings stört dies nicht, er hat längst andere Pläne. Und die führen ihn nach Paris, wohin er 1951 zum ersten Mal reist. Begierig saugt er die Atmosphäre der französischen Hauptstadt in sich auf und lernt, kaum zurück in Deutschland, wie ein Besessener Französisch, um so schnell wie möglich in die Modemetropole zurückzukehren. 1953 ist es dann endlich so weit, und der Erfolg lässt nicht lange auf sich warten.

1954 gelingt ihm, der nie an einer Modeschule studiert hat, der Durchbruch. Bei einem Wettbewerb des International Wool Secretariat (IWS) gewinnt Lagerfeld den ersten Preis für den Entwurf eines Mantels und macht damit auf sich aufmerksam.

Die Angebote lassen nicht lange auf sich warten, Lagerfeld entscheidet sich für das Modehaus von Pierre Balmain, beginnt dort 1955 und stellt bereits drei Jahre später seine erste eigene Kollektion vor – allerdings unter dem Namen Roland Karl. Das Spiel mit den Identitäten und Rollen, mit Wahrheit und Legende – es gehört zum Leben eines Dandys, zur Arbeit an der Vervollkommnung des Ich einfach dazu.

Noch im selben Jahr wechselt Lagerfeld zum ältesten Pariser Modehaus, zu Jean Patou, das zur damaligen Zeit vor allem jenseits des Atlantiks große Erfolge feiert. Allerdings füllt ihn die Arbeit nicht aus, zwei Kollektionen Haute Couture sind einfach nicht genug für einen umtriebigen Geist wie ihn, so dass er nebenbei für Marken wie Mario Valentino und Krizia tätig wird. Ansonsten genießt er das Leben in Paris und in Biarritz in vollen Zügen. Eine Zeitlang lässt sich Lagerfeld treiben, gleitet mit seinem exklusiven Bentley über die Boulevards und Prachtstraßen und betreibt Bodybuilding, um die richtige Figur für die Anzüge seines damaligen Lieblingsschneiders Stefano Cifonelli zu haben. Außerdem entwirft Lagerfeld, der Geld für sein luxuriöses Leben braucht, Tanztrikots, Tutus und Ballettschuhe für Rose Repetto, die Mutter des weltberühmten Tänzers und Choreografen Roland Petit. Was auf den ersten Blick wie eine beinahe zufällige Nebenerwerbsquelle erscheint, wird sich in späteren Jahren auszahlen, als der Modeschöpfer als Kostümbildner für das Wiener Burgtheater, die Salzburger Festspiele und andere Bühnen arbeitet.

Doch damit ist Lagerfeld noch längst nicht am Ziel angekommen. 1963 unterschreibt er als künstlerischer Direktor bei Chloé und steuert das Modelabel 20 Jahre lang höchst erfolgreich, in den 1970ern wird das Label zu einer der bekanntesten Modemarken ihrer Zeit. Was vor allem Lagerfelds Ideen und Kreationen zu verdanken ist, die den Zeitgeist und die Trends Jahr für Jahr punktgenau treffen.

1983 wird Lagerfeld, längst einer der bekanntesten Designer von Paris, als künstlerischer Direktor von Chanel engagiert – zumindest dem Prestige nach ist dies der Modeolymp. Doch der einstige Glanz des Hauses ist beinahe dahin, die Kollektionen wirken angestaubt und in die Jahre gekommen, und Chanel ist zu diesem Zeitpunkt beinahe bankrott. Lagerfeld, mit allen Freiheiten ausgestattet, gelingt die sensationelle Kehrtwende, unter anderem da er einen in die Jahre gekommenen Klassiker wie das Chanel-Kostüm einer Verjüngungskur unterzieht und so dem Haus neue, jüngere Kundenkreise erschließt. Als sei damit seine Energie noch lange nicht am Ende, gründet der Modeschöpfer ein Jahr später seine eigene Marke Karl Lagerfeld, für die er eine Prêt-à-porter- und eine Sportswear-Linie (KL by Lagerfeld) sowie eine Herrenkollektion und diverse Accessoires und Parfüms kreiert – von Arbeiten für Häuser wie Fendi oder andere ganz zu schweigen. Die Modeszene von Paris, sie ist ohne Lagerfeld schlichtweg nicht denkbar. Das liegt nicht nur an seiner schier unerschöpflichen Kreativität, seinem Gespür für Trends und seinem Durchsetzungsvermögen innerhalb der knallharten Branche, sondern auch an ihm selbst.

Metamorphosen eines Dandys in jungen Jahren: Karl Lagerfeld zu Beginn seiner Karriere in Paris.

»Mode ist die Nachahmung derer,
die sich unterscheiden wollen von denen,
die sich nicht unterscheiden.«

Karl Lagerfelds Zurückhaltung bei der Wahl der eigenen Bekleidung, seine Vorliebe für die Farbe Schwarz, seine zur Schau gestellte Distanziertheit und sein manchmal bissiger Humor und funkelnder Esprit – all dies macht aus ihm zumindest auf den ersten Blick den Inbegriff des modernen Dandytums, das sich am Vorbild Beau Brummells orientiert. Bisweilen huldigt Lagerfeld diesem Vorbild auch auf ganz direkte Weise, so etwa im Frühjahr 2009, als er seine Chanel-Kollektion mit dem Namen Belle Brummell vorstellt, die sich an den Extravaganzen aus der Regency-Zeit orientiert und dies neu interpretiert. Wie sehr Karl Lagerfeld von den Dandys fasziniert ist, zeigt auch eine seiner fotografischen Arbeiten, in der er Oscar Wildes Roman *Das Bildnis des Dorian Gray* inszeniert hat. Nicht zuletzt ist es auch die äußere Erscheinung Lagerfelds, die deutlich an den Stammvater der Dandys erinnert. So könnte sein steifer, hochgeschlossener Kragen von diesem stammen. Doch ist dies nur ein Zitat, ein Ausdruck tiefer Verehrung gegenüber einem alten Ideal, das die Schönheit und Nutzlosigkeit zum obersten Prinzip erhoben hat?

Wie Beau Brummell oder andere berühmte Dandys umgibt sich der Modeschöpfer mit Luxus, neben Wohnsitzen in Paris, Monte Carlo, Rom und New York besitzt er diverse Landsitze und Schlösser und genießt wie Joris-Karl Huysmans Romanheld Jean des Esseintes die Einsamkeit und den Rückzug vor der Welt: »Für mich ist Einsamkeit der Höhepunkt des Luxus. Ich brauche Zeit für mich selber, sonst wäre ich nicht das, was ich bin«, so bekennt er in einem Interview. Auch seine kühle Distanz und betonte Gleichgültigkeit passen gut zum Image des modernen Dandys, der mit allen Leidenschaften und Lastern abgeschlossen hat und der die Welt mit Ironie betrachtet.

Doch trotz aller Ähnlichkeiten und Parallelen ist Lagerfeld viel mehr als ein moderner Adept historischer Vorbilder: Während die Herrschaft Brummells über London keine 20 Jahre anhielt, ist Lagerfeld ungleich beständiger und um ein Vielfaches erfolgreicher. Was vor allem an seinem geschickten Marketing liegt, denn der Designer beherrscht nicht nur die Selbstinszenierung wie kaum ein anderer, sondern vor allem die Selbstvermarktung. So gibt er sich nicht nur als unermüdlicher Modeschöpfer, der sich niemals um Grenzen schert und der mit seiner für H&M entworfenen Kollektion für heftige Reaktionen bei der etablierten und elitären Modeszene und deren betuchter Kundschaft sorgt. Ebenso ist er ein erfolgreicher Geschäftsmann mit untrüglichem Riecher für Trends, mehrfach ausgezeichneter Fotograf und anerkannter Kostümbildner sowie der oberste Richter in Sachen Geschmack, Eleganz und Mode. Die zur Schau getragene Nutzlosigkeit, mit der die Dandys von einst gegen die neue Arbeitswelt und gegen die aufkommende Massengesellschaft

»*Denken ist genau das, was ich vermeide. Ich möchte ein angenehmes Leben ohne Probleme haben.*«

»Man muss Stil haben, um ihn sich kaufen zu können.«

protestierten, ist bei Lagerfeld Fleiß und großem Geschäftssinn gewichen. In der modernen Mediengesellschaft, die Exzentrik und Individualismus fordert und fördert, spielt Lagerfeld virtuos mit seiner Rolle und dem von ihm geschaffenen Image. So betreibt er vor allem die Arbeit am eigenen Mythos.

Dass ihm einst wie Beau Brummell ein Denkmal auf einem der Plätze von Paris gesetzt wird, ist eigentlich gar nicht mehr nötig – denn das hat er sich längst selbst errichtet.

Der Dandy
als Literat

»*Sich selbst zu lieben
ist der Beginn einer
lebenslangen Romanze.*«

Oscar Wilde

»*Wenn ich Donner höre,
verneige ich mich.
Wenn ich Regen höre,
gehe ich davon aus,
dass es Applaus ist.
Und so erstrahle ich
wie die Sonne;
ich kann nicht anders.*«

Sebastian Horsley

Oscar Wilde
Der Dandy
als tragischer Held

Was für ein Auftritt: Als Oscar Wilde im Januar 1882 in New York eintrifft, um seine Vortragsreihe durch die USA anzutreten, trägt er einen langen, flaschengrünen und mit viel Pelz verbrämten Mantel, eine runde Pelzmütze und leuchtend gelbe Handschuhe aus feinstem Kalbsleder, die er lässig durch die Luft schlenkert. Auf die Frage eines impertinenten Beamten, ob er denn etwas zu verzollen habe, entgegnet er knapp: »Nichts – außer mein Genie!« Damit hatte er die anwesenden Journalisten, ja ganz New York, im Sturm erobert.

Der Erfolg in der Neuen Welt hält allerdings nicht lange an. Bald schon existieren Karikaturen en masse über den englischen Professor für Ästhetik, die sich vor allem über sein extravagantes Auftreten mokieren.

Die Reaktionen, denen sich Wilde während seiner einjährigen Reise durch die USA ausgesetzt sah, sind typisch für das Leben dieses Schriftstellers, der wie kein anderer die ganze Tragik des Dandytums zwischen Oberflächlichkeit, stiller Rebellion und äußerster Sensibilität in sich vereint. In Wildes Person wird der Dandy endgültig zu einer Rolle, manchmal auch zu einer Karikatur, die sich schlussendlich gegen ihren Darsteller selbst wenden wird.

Die Vorliebe für auffällige Kostümierungen und große Auftritte des begnadeten Selbstdarstellers zeigt sich bereits während seiner Studienjahre in Dublin und Oxford: Zu groß karierten Tweedjacketts trägt er vorzugsweise schräg auf dem Kopf sitzende Hüte und kombiniert dazu leuchtend blaue Binder. Auch sein Verhalten ist dazu angetan, den Eindruck eines von sich selbst überzeugten Dandys zu erwecken. Schon damals sind sein Widerspruchsgeist und der demonstrativ zur Schau getragene Müßiggang fester Bestandteil jener Rolle, die Wilde sein ganzes Leben spielen wird. In Wahrheit ist er ein außerordentlich fleißiger Student – oder eben ein Genie.

Als Oscar Wilde nach Beendigung seiner Studien im Jahre 1879 nach London übersiedelt und Zutritt zu den Bühnen der High Society erhält, hat sich das Bild des Dandys grundlegend gewandelt. Statt der vornehmen Zurückhaltung eines Beau Brummell ist der *heavy swell* (»der Aufgeblasene«) der vorherrschende Typus auf dem Parkett der Mode und des feinen Lebens.

Damit steht nun vor allem die Exzentrik der Erscheinung im Mittelpunkt, der Dandy will der Mode nicht mehr folgen, sondern sie selbst kreieren und bestimmen.

Begünstigt wird diese Entwicklung durch den Siegeszug des Ästhetizismus, der sich Mitte des 19. Jahrhunderts von Frankreich aus in ganz Europa verbreitet und der das Schöne zum obersten Prinzip erhebt. Kunst und Leben sind nicht mehr streng voneinander getrennte Bereiche, sondern durchdringen sich gegenseitig. Wobei kein Zweifel daran besteht, dass die Kunst in dieser Wechselbeziehung die Oberhand behält: »Das Leben ahmt die Kunst weit mehr nach als die Kunst das Leben«, bringt es Oscar Wilde auf den Punkt – und beschreibt en passant das beherrschende Motto seines eigenen Lebens.

Auch Joris-Karl Huysmans' Roman *À rebours*, den Wilde über die Maßen schätzt, beeinflusst das neue Bild des Dandys und zeigt die Morbidität und Dekadenz des einstigen Modehelden, der nun zu einer exaltierten, aber auch zerbrechlichen Persönlichkeit geworden ist. Zudem sind es die großen ge-

>*Ich reise niemals ohne mein Tagebuch.*
Man sollte immer etwas Aufregendes zu
lesen bei sich haben.«

sellschaftlichen Umwälzungen des Fin de Siècle, das Erstarken des Bürgertums und der Neureichen sowie der gleichzeitige Niedergang des englischen Adels, die sich bei den neuen Dandys widerspiegeln.

All diese Zeitströmungen saugt Oscar Wilde begierig auf und formt daraus die Rolle seines Lebens. Eine Rolle, die er bis zum Schluss seines Lebens mit allen Konsequenzen und einer gehörigen Portion Selbstironie spielen wird.

Bald schon verkehrt Wilde auf Vernissagen und Galerieeröffnungen und erregt durch seine extravaganten Fräcke ebenso viel Aufsehen wie durch seine scharfsinnigen Bemerkungen und Aphorismen. Schnell wird der Dandy zu nahezu jedem gesellschaftlichen Ereignis eingeladen, was für einige Irritationen sorgt: »Wie kommt es eigentlich, dass man diesen jungen Mann überall trifft? Gewiss, er kann gut reden; aber hat er denn schon irgendetwas geleistet? Er ist nicht als Autor hervorgetreten, er singt nicht, malt nicht, schauspielert nicht – er redet immer nur. Die Sache ist mir ein einziges Rätsel«, bemerkt verwundert die polnische Schauspielerin Helena Modjeska. Oscar Wilde kennt die Antwort auf diese Frage und gibt sie rund zehn Jahre später auf der Bühne – wo auch sonst: »Um heutzutage in die besten Kreise zu gelangen, muss man die Leute entweder bewirten, amüsieren oder schockieren – mehr nicht. Ein Mann, der eine Londoner Dinnertafel beherrschen kann, kann die Welt beherrschen«, so heißt es in seiner Komödie *Eine Frau ohne Bedeutung*.

Der rasante Aufstieg hat seinen Preis: Wilde muss exorbitante Summen für Kleidung, standesgemäße Kutschen und erlesene Geschenke für die Gastgeberinnen der Soireen ausgeben. Um eine möglichst bequeme Lösung für seine finanziellen Engpässe zu finden, beschließt Wilde zu heiraten – und zwar möglichst reich. Doch die in Frage kommenden Kandidatinnen haben den charmanten Plauderer zwar gerne zu Gast, eine Ehe aber mag keine der Damen mit ihm eingehen. Was Wilde gewohnt wortgewandt kommentiert: »Ich bedaure Ihre Entscheidung«, so schreibt er an die verwitwete Charlotte Montefiore, die seinen Heiratsantrag ablehnt, und fügt hinzu: »Mit Ihrem Geld und meinem Geist hätten wir es sehr weit bringen können.«

Schließlich findet Wilde doch noch eine Frau nach seinem Geschmack. Seine Wahl fällt auf Constance Lloyd, die nach dem Tod ihres Großvaters eine stattliche Summe erbt, so dass Wilde wenig Veranlassung sieht, seinen luxuriösen Lebensstil einzuschränken. Die Heirat lenkt die Geschicke des Dandys jedoch vorerst in ruhigere Bahnen, was seinem Kleidungsstil anzusehen ist. Statt üppiger Kostümierungen kleidet sich Wilde nun zurückhaltender – ohne allerdings auf raffinierte Accessoires wie die obligatorische weiße Blume im Knopfloch und einen auffälligen Diamanten auf der Hemdbrust zu verzichten.

Neben der neuen Rolle als Ehemann und Vater (1885 kommt sein erster Sohn Cyril auf die Welt, ein Jahr später folgt Vyvyan) betätigt er sich in den nächsten Jahren auf verschiedenen Feldern. Zunächst versucht sich Wilde als Journalist und Kritiker der *Pall Mall Gazette*, dann als Herausgeber der Zeitschrift *Woman's World*. Doch das journalistische Tagesgeschäft entspricht nicht seinen Idealen von Müßiggang und Zerstreuung, so dass er diese Tätigkeiten bald wieder aufgibt und sich nun vermehrt dem Schreiben und dem süßen Nichtstun widmet. Erst als er mit seinem Roman *Das Bildnis des Dorian Gray* (1890) seinen endgültigen literarischen Durchbruch feiern kann, findet er seine eigentliche Bestimmung. Es folgt nun seine erfolgreichste Zeit: Jahr für Jahr erscheint ein neues Bühnenstück aus seiner Feder, und die feinen Kreise Londons, die er in seinen Gesellschaftskomödien so treffend aufs Korn nimmt, feiern begeistert den neuen Star des literarischen Lebens.

So rasant sein Aufstieg für manchen Beobachter gekommen sein mag, so jäh und hart ist sein Fall. Es ist ausgerechnet die Liebe, die ihm, dem sarkastischen Spötter und Zyniker, zum Verhängnis wird. Wilde, der seine Homosexualität aus Rücksicht auf seine Frau und seine Kinder lange geheim hielt, beginnt eine leidenschaftliche und für die damalige Zeit erstaunlich offen geführte Affäre mit dem wesentlich jüngeren Lord Alfred Douglas, genannt »Bosie«, dem Spross einer der bekanntesten Familien Englands. Die Beziehung zwischen dem gefeierten Salonlöwen und Bosie bleibt einige Jahre bekannt, und die »Mesalliance« wird in der High Society der englischen Hauptstadt stillschweigend toleriert.

Einzig Lord Alfreds Vater, der Marquess of Queensbury, wagt es, den erklärten Liebling der Oberschicht öffentlich einen Sodomiten (gemeint ist ein Homosexueller) zu nennen. Auf Drängen Bosies strengt Wilde eine Klage gegen den Verleumder an. Doch der Marquess verfügt über handfeste Beweise für die »Unzucht«, die er vor Gericht vorlegt. Nach dieser öffentlichen Bloßstellung zögert die vornehme Gesellschaft keinen Moment, den einstigen Liebling sofort fallen zu lassen.

Wilde wird zu zwei Jahren Zuchthaus mit Zwangsarbeit verurteilt, sein Besitz wird konfisziert, seine Werke verboten. Wildes Frau, durch den Skandal ebenfalls zur Persona non grata geworden, flüchtet mit den Kindern ins Ausland und nimmt eine neue Identität an; Wildes Söhne werden ihren Vaters niemals wiedersehen. Wildes starker Wille und seine schillernde Persönlichkeit

»Um heutzutage in die besten Kreise zu gelangen, muss man die Leute entweder bewirten, amüsieren oder schockieren – mehr nicht. Ein Mann, der eine Londoner Dinnertafel beherrschen kann, kann die Welt beherrschen.«

»Die erste Pflicht im Leben besteht darin, so künstlich zu sein wie möglich. Was die zweite Pflicht ist, hat bis jetzt noch niemand herausgefunden.«

leiden schwer unter der Schmach. Als er 1897 entlassen wird, ist er vollkommen mittellos und flieht, wie kurz zuvor bereits Bosie, nach Frankreich, um der gesellschaftlichen Ächtung zu entgehen.

Doch die Beziehung zwischen den Liebenden ist zu diesem Zeitpunkt längst zerbrochen. Wilde und Lord Alfred verbringen noch eine Weile zusammen auf Reisen und trennen sich dann. Wie Beau Brummell, der Stammvater der Dandys, so bleibt auch der Schöpfer des Dorian Gray vereinsamt und beinahe mittellos in Frankreich zurück. Mutmaßlich durch die Folgen einer Syphilis geschwächt und bedingt durch die ärmlichen Lebensumstände erkrankt Wilde an einer Hirnhautentzündung, an deren Folgen er am 30. November 1900 in einem heruntergekommenen Pariser Künstlerhotel stirbt. Angesichts des nahenden Todes findet Oscar Wilde noch ein letztes geschliffenes Paradoxon: »Ich sterbe über meine Verhältnisse«, so vertraut er Besuchern an. Er führt damit bis zur letzten Konsequenz den Weg vieler Dandys fort, deren in Luxus und Verschwendung geführtes Leben häufig in bitterer Armut endet.

Sebastian Horsley
Der Dandy,
der vom Kreuz fiel

Zwischen Pose und Provokation: Sebastian Horsley schätzt Kleidung im Stil des 19. Jahrhunderts und sieht sich als modernen Dandy – wobei er die hedonistische Facette des Dandy-Bildes bedient.

Manchmal wiederholt sich die Geschichte eben doch – oder zumindest fast. Als Sebastian Horsley im März des Jahres 2008 aus London kommend auf dem Flughafen Newark, New Jersey, eintraf, um seine Memoiren mit dem Titel *Dandy in the Underworld* in New York vorzustellen, war er sich der historischen Parallele zu Oscar Wildes Vortragsreise durchaus bewusst und beliebte zu scherzen. »Ich habe nichts zu verzollen – außer Oscar Wildes Genie«, rief er den Zollbeamten entgegen und erntete damit das Gelächter der Umstehenden, die die Anspielung erkannten. Das Lachen sollte Horsley und seinen Begleitern jedoch schnell vergehen. Denn die Beamten der US-Zoll- und Einwanderungsbehörde ICE waren zwar keine Kenner von Oscar Wilde, wussten aber sehr genau, wer der Mann mit dem schwarzen Samtmantel und dem altmodischen hohen Zylinder war, der da vor ihnen stand. Acht Stunden lang wurde Horsley festgehalten und verhört, bevor man ihm mit der Begründung, er sei »moralisch verkommen«, die Einreise verweigerte und ihn zum Entsetzen der Mitarbeiter von Horsleys amerikanischem Verlag und zur Verblüffung des Künstlers und Schriftstellers selbst auf direktem Weg zurück nach England schickte. Offensichtlich kannte einer der Vorgesetzten der Einwanderungsbehörde das Buch und hatte Horsley auf die schwarze Liste der nicht erwünschten Personen setzen lassen. Vorbei der Traum, im Stile eines Oscar Wilde die Vereinigten Staaten im Sturm zu erobern. Dabei hatte Horsley aus Rücksicht auf amerikanische Empfindlichkeiten sogar auf die allzu grelle Bemalung seiner Fingernägel verzichtet.

So absurd auch das US-amerikanische Einwanderungsrecht in diesem Punkt sein mag: Dass Sebastian Horsley moralisch absolut verkommen ist, daran lassen weder er selbst noch seine Memoiren (die in Deutschland unter dem Titel *Dandy in der Unterwelt* erschienen sind) den geringsten Zweifel. In seiner ebenso witzigen wie schockierenden Autobiografie bekennt sich Horsley ebenso zu seiner Heroin- und Crack-Sucht wie zu seinem überbordenden Verlangen nach Prostituierten – ein Vergnügen, für das er nach eigenen Angaben mehr als 100.000 britische Pfund verschleuderte. Dabei beschränkt sich

Horsleys sexuelles Verlangen keineswegs nur auf Frauen, ebenso outet er sich als Liebhaber des berüchtigten Glasgower Gangsters und späteren Bildhauers Jimmy Boyle und des Künstlers Hugo Guinness, was die beiden Erwähnten wenig erfreute.

Woher der Hang zur Exzentrik und zum Exzess kommt, daran lässt Horsley in seiner »unautorisierten« Autobiografie keinen Zweifel: Es sind vor allem die verheerenden Zustände in seiner Familie, die als Erbe des gigantischen Northern-Food-Imperiums mit Reichtum ebenso gesegnet war wie mit Skandalen, Neurosen, Trunksucht und Drogenabhängigkeit. Besonders erhellend ist eine Episode, die verdeutlicht, woher seine Besessenheit von extravaganter Kleidung kommen mag: »Ich kann mich erinnern, dass sie [Sebastian Horsleys Mutter] sich einmal mit großem Aufwand vor dem Spiegel zum Ausgehen bereitmachte und verlangte, dass eines ihrer Kinder sie begleitete. ›Welches Kind?‹, fragte das Kindermädchen. ›Das ist mir egal‹, schnappte meine Mutter zurück, ›dasjenige, das am besten zu rotem Samt passt‹. (Selbstverständlich war ich das.)« In dieser Ansammlung von Exzentrikern, Alkoholikern, Manisch-Depressiven und Sexbesessenen kommt seine Großmutter noch am besten weg; ihr Ableben beschreibt er mit den lakonischen Worten: »Sie starb an Stickerei.«

Um der elterlichen Hölle zu entrinnen, studiert Horsley Kunst, doch das eigentliche Kunstwerk, an dem er seitdem feilt, ist er selbst. Er arbeitet – stets mit wechselhaftem Erfolg – als Callboy für die betuchte Damenwelt, als Börsenmakler und immer wieder als Künstler. Eigentlich, so bekennt er in einem Interview, verweigere er sich aber seit seiner Geburt jeglicher Arbeit. Doch der Grat zwischen Selbstinszenierung und Selbstzerstörung ist schmal. Horsley gerät in einen Sumpf aus Drogen und Sex, verliert mehr und mehr die Kontrolle und wird aufgrund seiner aufsehenerregenden Garderobe (bei der sich der Stil des Regency mit Glitter und Glamour mischt), seiner zur Schau gestellten Hemmungslosigkeit und seiner pointierten Bonmots schnell zu der wohl bekanntesten öffentlichen Skandalgestalt des britischen Königreiches.

Sebastian Horsleys Auftritte in der Öffentlichkeit sind berüchtigt und zielen vor allem darauf ab, seinen fragwürdigen Ruf zu festigen und seine Umwelt zu schockieren. Im Jahre 2000 sorgte er beispielsweise für Aufsehen und Empörung, als er sich auf den Philippinen im Rahmen eines österlichen Rituals ans Kreuz schlagen ließ und das Ganze auf Video dokumentierte. Zwar ist die Aktion, bei der Horsley nach wenigen Minuten wegen einer gebrochenen Fußleiste vom Kreuz fiel, ein gefundenes Fressen für die Medien, doch seiner künstlerischen Karriere hilft die Performance nur wenig weiter, wie er in seiner Autobiografie bekennt: »Jesus ließ sich kreuzigen, um die Menschheit zu retten. Ich hatte mich kreuzigen lassen, um meine Karriere zu retten. Meiner Meinung nach war keiner von uns beiden sonderlich erfolgreich«, so lautet sein sarkastisches Fazit.

Allerdings ist bei Horsley auch das Scheitern ein Teil der Inszenierung und bildet den Mittelpunkt seiner Interpretation des Dandytums. Damit nimmt er das vorweg, was vielen seiner berühmten Vorgänger eher unfreiwillig

In der Leistungsgesellschaft unserer Zeit ist Sebastian Horsley ein Apologet des schönen, müßigen und exzessiven Lebens und hält damit seiner Zeit den Spiegel vor.

»Neunzig Prozent meines Geldes habe ich in Huren investiert. Den Rest in hochwertige Drogen. (Man soll ja nicht alles auf eine Karte setzen.) Was dann noch übrig blieb, habe ich verprasst.«

widerfuhr – Verachtung, Spott und Armut und ironisiert es auf ebenso witzige wie pointierte Weise: »Ich habe alles Geld, das ich brauche – gesetzt den Fall, dass ich heute pünktlich um vier Uhr nachmittags das Zeitliche segne.«

Mehr noch, Horsley genießt all die negativen Gefühle, die er hervorruft, in höchstem Maße. Denn vor allem auf sie begründet sich seine – zugegebenermaßen sehr zweifelhafte – Bekanntheit: »Der einzige Weg zum Ruhm führt darüber, dafür zu sorgen, dass die Menschen dich hassen. Auf diese Weise werden sie sich wenigstens an dich erinnern.« Genau aus diesem Grund hat er auch seine Memoiren veröffentlicht: nicht, um sich selbst zu betrachten, sondern betrachtet zu werden. Wie bemerkte schon Charles Baudelaire: »Ein wahrer Dandy zu sein bedeutet, vor dem Spiegel zu leben und zu schlafen.« Wobei die Selbstbespiegelung auch einen anderen Zweck erfüllt: Sie hält den Menschen einen Spiegel vor und legt durch die Selbstentblößung gnadenlos die menschlich-allzumenschlichen Schwächen frei: »Ich bin ein Moralist in der Pose des Morallosen. Ein nutzloses Wesen, das dadurch einen Nutzen bekommt«, so erklärt Horsley selbst in einem Interview seine Aufgabe.

Virtuos spielt der »unheilige Sebastian«, wie ihn die britische Presse nennt, mit den Versatzstücken des Dandytums und sorgt damit gerade in England, der Heimat der Exzentriker und Dandys, für eine Welle der Empörung. Zumal sein Buch eine ungeschriebene Grundregel verletzte, an die sich andere Dandy-Literaten wie Jules Amédée Barbey d'Aurevilly, Max Beerbohm, Charles Baudelaire und Oscar Wilde stets gehalten hatten: Sie schrieben zwar immer »über das Dandytum«, doch niemals »über sich selbst als Dandys«. Doch Zurückhaltung, gerade in eigener Sache, ist nicht Horsleys Stil: »Das Dandytum steht für eine Form der Selbstverehrung, die es einem erspart, sein Glück bei Mitmenschen zu suchen, besonders bei Frauen. Es ist eine Antwort auf das Leid und eine Feier des Lebens. Und ich sage ihnen auch, was es nicht ist. Es ist nicht Reichtum, nicht Mode und nicht Intelligenz.« Sondern es ist vor allem eine bis zum Exzess getriebene Lebenshaltung, die dem Wahnsinn und dem Chaos der Welt mit der Pose der Ironie begegnet.

Der wahre Dandy ist für Sebastian Horsley »Krieger und Träumer, Spieler und Kreuzritter, Plünderer, Schänder und Märtyrer. Er passt in die beste und in die übelste Gesellschaft – und hält sich von beiden fern.« Beau Brummell, der Stammvater aller Dandys, hingegen findet in seinen Augen keine Gnade, sondern ist vor allem ein angepasster Konformist. Was mit der wahren Bestimmung eines Dandys, wie Sebastian Horsley ihn versteht, nichts zu tun hat:

»Dandytum ist die Lüge, die die Wahrheit ans Licht bringt, und die Wahrheit ist, dass wir sind, was wir vorgeben zu sein.«

>>Wir können nicht alle Stars sein. Es muss auch welche geben, die am Randstein sitzen und klatschen, wenn ich vorbeigehe.«

>>Wahres Dandytum ist rebellisch. Der Dandy will, dass die Menschen ihn anstarren, dass sie von ihm schockiert sind und sich sogar ein wenig fürchten vor der Subversion, für die seine Kleidung steht.«

Oftmals wirkt Sebastian Horsley, als sei er eine leibhaftige Reinkarnation von Oscar Wildes Romanfigur Dorian Gray, der, als er gewahr wird, dass keine noch so schändliche Ausschweifung Spuren auf seinem Antlitz hinterlässt, das Leben umso mehr genießt. »Ich werde ein verderbter Dandy sein und bleiben; das ist mein Job. Und der liebe Gott wird mir vergeben; das ist seiner.«

Ob es noch lange dauert bis zu dieser jenseitigen Begegnung Horsleys, scheint ihm selber ungewiss zu sein. Die Einladung zu einer Buchpräsentation in Deutschland kommentierte er kürzlich mit den Worten: »Wenn ich bis dahin noch lebe.« Und so wohnt seinem Hedonismus und seiner Lust am Exzess immer auch ein beständiges Memento mori, eine Einsicht in die eigene Vergänglichkeit, inne. »Carpe diem, quam minimum credula postero!« – »Nutze den Tag, und glaube so wenig wie möglich an den nächsten!«, schrieb der Dichter Horaz im Jahre 23 v. Chr. in einem Gedicht. Kaum jemand hat sich wohl diesen Ratschlag so zu Herzen genommen wie Sebastian Horsley – der Dandy, der vom Kreuz fiel.

Kunst
als Leben,
Leben
als Kunst

> *»In der Zukunft
> wird jeder für 15 Minuten
> weltberühmt sein.«*

Andy Warhol

> *»Die Maler haben dem
> lieben Gott geholfen,
> die Welt zu erschaffen.«*

Markus Lüpertz

Andy Warhol
Der King of Pop-Art

Als die Schätzer des Auktionshauses Sotheby's nach dem Tod des Pop-Art-Künstlers Andy Warhol sein Refugium in der 66th East Street in New York City betreten, kommen sie aus dem Staunen nicht mehr heraus. Die Räumlichkeiten des Stadthauses sind mit Kunstwerken aus verschiedensten Epochen förmlich überladen, sie versammeln Schund, Plunder und unausgepackte Einkaufstüten neben prächtigen Bronzebüsten von Napoleon und Benjamin Franklin, Bilder von Edvard Munch und den berühmtesten Gegenwartskünstlern der USA neben Nippes, Spielzeug, Schmuck und Frauenkleidern. Wie die Grabkammer eines ägyptischen Königs wirkt dieses kuriose Sammelsurium, das Schätze im Wert von mehreren Millionen Dollar versammelt. Als die Devotionalien am 23. April 1988 versteigert werden, erzielen sie einen Gesamterlös von 25,3 Millionen US-Dollar, obwohl Experten den Wert lediglich auf 15 Millionen Dollar taxiert hatten. Inmitten dieser Schätze aber ist von dem Menschen Andy Warhol keine Spur zu entdecken, verschwindet er ein letztes Mal in einem Rausch der Gegenstände, deren größter Apologet er war.

Wer aber ist der Mensch, der sich bereits zu Lebzeiten dieses Mausoleum errichtet hat? Der zu den bedeutendsten und bekanntesten Künstlern des an Persönlichkeiten nicht gerade armen 20. Jahrhunderts zählt? Der die Kunst bis heute in enormem Maße beeinflusst und der nach wie vor extrem polarisiert? Selten fiel bei einem Künstler die Antwort so schwer – was vor allem an Andy Warhol selbst liegt, der ein Meister der Selbstinszenierung und Verschleierung war.

Wie viele Dandys, so macht auch Andy Warhol aus seiner Kindheit und den Lebensumständen, in denen er aufwuchs, ein Geheimnis. In späteren Jahren wird Warhol sowohl bei seinem Geburtsjahr wie auch beim Ort verschiedene Versionen in Umlauf bringen. Es steht aber fest, dass er am 6. August 1928 als jüngster von drei Söhnen in Pittsburgh geboren wird. Seine Eltern sind Immigranten aus dem nordöstlichen Teil der Slowakei und gehören in ihrer Heimat zur Minderheit der Ruthenen. Ihren ursprünglichen Namen Varchola wandeln sie später in Warhola um. Andrej ist ein sensibles Kind, das

unter der Armut, der Kälte seiner Mutter und unter einer Pigmentstörung leidet, die ihm das Aussehen eines Albinos verleiht. Mit acht Jahren erkrankt er aufgrund der ärmlichen Lebensumstände an einer Störung des zentralen Nervensystems, die seine Gliedmaßen unkontrolliert zucken lässt. Mehrere Monate lang muss der kleine Andrej zuhause liegen und entdeckt in dieser Zeit durch die Lektüre vieler Illustrierten das Leben der Reichen und Schönen, das ihn in den Bann zieht. Fortan ist er besessen davon, später selbst zu einem Star zu werden. Die Kunst wird ihm genau dies ermöglichen.

Nach dem Ende des Grafik-Studiums am Carnegie Institute of Technology verlässt Andy das unfreundliche Pittsburgh und zieht gemeinsam mit einem Freund nach New York, das damals das unumstrittene Epizentrum der Werbung ist. Dank seines Talents wird Warhol zu einem der bestbezahlten Stars in der Werbegrafik. Doch Geld allein interessiert ihn nicht, es ist vor allem der Ruhm, der ihn lockt.

»Die Ästhetik unserer Tage heißt Erfolg.«

Der Erfolg stellt sich anfangs aber nur zögerlich ein: Warhols erste Ausstellung von Siebdrucken, in der auch die mittlerweile zur popkulturellen Ikone gewordenen Campbell's-Suppendosen gezeigt werden, stößt zunächst auf Unverständnis. Doch Warhol spürt, dass der Erfolg zum Greifen nahe ist, dass seine Ikonisierung von Alltagsgegenständen und seine Inszenierung von Stars und Helden der Populärkultur punktgenau den Zeitgeist treffen. Mitte der 1960er veröffentlicht die amerikanische Kulturkritikerin Susan Sontag ihr einflussreiches Essay »Anmerkungen zu ›Camp‹«, in dem sie das Triviale und Banale und dessen ironische Überhöhung durch die homosexuelle Subkultur (eben *camp*) als Dandyismus im Zeitalter der Massenkultur und Mediengesellschaft feiert. Und niemand passt in diese neue Mischform aus Kitsch und Kunst, aus Ernsthaftem und Trivialem, aus homosexueller Subkultur und Mainstream besser hinein als Andy Warhol. Beflügelt durch diese theoretische Untermauerung seiner Werke wird Warhol zum unumstrittenen Superstar der Pop-Art. Mit seinen Bildern, zu denen sich später auch experimentelle Filme, Fotografien, das Magazin *Interview* und die Produktion der Rockgruppe *The Velvet Underground* gesellen, vor allem aber mit seiner virtuosen Selbstinszenierung als lebendes Kunstwerk feiert er Erfolge, die alles bisher Dagewesene in der Kunst in den Schatten stellen. Alles, was dieser Mann anfasst, scheint sich augenblicklich und automatisch in Kunst – und so in Geld – zu verwandeln. Damit wird er zum unwiderstehlichen Magneten der Reichen und Schönen, zum Impulsgeber für die Kunstwelt und zu deren unbestrittenem Goldjungen.

Dabei ist Andy Warhol eigentlich nicht gerade der Prototyp eines Superstars: Zeit seines Lebens leidet er unter extremer Schüchternheit und ist alles andere als ein eloquenter Plauderer. Vielleicht sind es gerade diese Unzulänglichkeiten und Defizite, die ihn dazu bringen, die Kunstfigur Andy Warhol zu erschaffen. Diese trägt deutliche Züge eines echten Dandys. Vor allem ist Warhol fasziniert von der Distanziertheit und der Künstlichkeit als Prinzipien: »Der Grund, warum ich in dieser Art male, ist, dass ich eine Maschine sein möchte, und ich habe das Gefühl, dass, was immer ich tue und maschinenähnlich tue, dem entspricht, was ich tun möchte …«

Mit seiner »Factory«, seiner Kunstfabrik im Herzen New Yorks, die er ab dem Jahre 1962 betreibt und die im Laufe der Zeit mehrmals umzieht, gelingt Warhol die von ihm erträumte Metamorphose zur Maschine und zum – im

»*Wenn du alles über Andy Warhol wissen möchtest, betrachte nur meine Oberfläche, die meiner Gemälde und Filme, und da bin ich. Nichts ist dahinter.*«

doppelten Sinne – Kunstwesen par excellence. So wird er zum Antipoden des Künstlers, wie die Welt ihn bisher kannte. Warhols Kunst ist eine radikale Absage an die romantische Idee von der Autonomie des Künstlers – und zugleich deren extremste Manifestation. Indem Warhol nur noch als *spiritus rector*, als Impuls- und Ideengeber, in Erscheinung tritt und die Ausführung seinen Gehilfen überlässt, belebt er die mittelalterliche Praxis der Malwerkstätten neu und führt diese ins industrialisierte und vollautomatisierte 20. Jahrhundert. Die Kunst selbst wird so zur Nebensache, das eigentliche Kunstwerk ist der Künstler selbst.

Nach dem Attentat durch die Radikalfeministin Valerie Solanas am 3. Juni 1968 verändert sich Warhols sowieso fragile Psyche, die für Dandys typische Sammelleidenschaft wird zu einer regelrechten Sammelwut. Hinzu kommt ein extremer Kontrollwahn, der die Stimmung in der Factory zunehmend verschlechtert. Mehr und mehr geht es Warhol darum, aus seiner Kunst den größtmöglichen Profit zu schlagen, um seinen verschwenderischen Lebensstil zu finanzieren. Warhol wird immer kommerzieller; er bemalt im Auftrag großer Industriekonzerne deren Automobile und porträtiert seine berühmten und entsprechend zahlungskräftigen Kunden gegen Unsummen. Und er geht in seiner nunmehr grenzenlosen Kommerzialisierung und (Selbst-)Ausbeutung sogar so weit, seine Schusswunden von dem Starfotografen Richard Avedon dokumentieren zu lassen und auch die Gemälde zu vermarkten, die durch die Einschusslöcher beschädigt wurden. Getreu Baudelaires Dandy-Maxime lebt und schläft Warhol in der Tat vor einem Spiegel, mehr noch: In einer Kunstaktion in der Promi-Disco Studio 54 in New York stellt sich Warhol in einen Glaskasten und erhebt sich so selbst zum Kunstwerk. Oscar Wilde hätte an dieser Zurschaustellung und Ikonisierung des Künstlers sicherlich seine Freude gehabt.

Leben und Werk, Kunst und Künstler, sie sind beim König der Pop-Art endgültig zu einer untrennbaren Einheit verschmolzen – hinter der sich die eigentliche Persönlichkeit Warhols wundervoll verbergen kann. Denn in einer zunehmend von den Massenmedien beeinflussten Gesellschaft gibt es keinen besseren Ort als das grelle Licht der Scheinwerfer, wenn es darum geht, das wahre Wesen eines Menschen zu verstecken: »Wenn du alles über Andy Warhol wissen möchtest, betrachte nur meine Oberfläche, die meiner Gemälde und Filme, und da bin ich. Nichts ist dahinter«, äußert er sich einmal in einem Interview.

Warhol beherrscht dieses Spiel wie kaum ein anderer vor ihm. Auf diese Weise wird er zum Vorboten von exzentrischen Exhibitionisten wie Jeff Koons, Madonna und Michael Jackson, aber auch zum Propheten des schnellen Ruhms für 15 Minuten, der heute Stars am laufenden Band produziert, sei es durch den Container von *Big Brother* oder durch Casting-Shows wie *Deutschland sucht den Superstar* und andere TV-Formate.

Statt der Elitenbildung des klassischen Dandys bereitet Warhol den Weg dafür, dass Individualismus, Ich-Kult, Dekadenz und hemmungslose Exzentrik

am Ende des 20. und zu Beginn des 21. Jahrhunderts zu einem Massenphänomen werden. Statt Müßiggang und Nutzlosigkeit wird nun Erfolg zur neuen Ästhetik. Das Dandytum alter Prägung droht dabei ein wenig in Vergessen zu geraten. Der Mensch Andy Warhol jedoch bleibt hinter der selbst erschaffenen Ikone Andy Warhol nahezu unsichtbar, und trotz aller Selbstvermarktung ist die Persönlichkeit Warhols bis zum heutigen Tage ein Rätsel. Darin liegt das Verdienst wie die Tragik des Künstlers, bei dem Leben und Werk, Realität und Kunst einander so nahe kamen wie bei kaum einem anderen.

»Ich wollte immer eine Maschine sein.«

Markus Lüpertz
Dionysos, Malerfürst, Genie

Der Maler und Bildhauer Markus Lüpertz gilt als einer der bedeutendsten deutschen Gegenwartskünstler und hat es dank seines unverwechselbaren Stils und seines stets eleganten Auftretens zu einem hohen Maß an Bekanntheit gebracht. In den Boulevardmagazinen ist Markus Lüpertz seit den 1990er Jahren längst ebenso häufig vertreten wie in den Auktionskatalogen bedeutender Auktionshäuser oder in den akademischen Abhandlungen zur modernen Kunst. Wie kaum ein zweiter deutscher Künstler versteht sich der ehemalige Rektor der Düsseldorfer Kunstakademie neben dem bildnerischen Gestalten vor allem auf das Modellieren und Inszenieren seiner eigenen *persona*, die seine Kunst (und seinen Marktwert) ergänzt und komplettiert. Doch wenn man Lüpertz heute betrachtet, sieht man meist nur den Erfolg, die äußere, stets perfekte und eitle Form, und vergisst allzu leicht, dass Lüpertz einer ist, der stets hart für seinen Erfolg gearbeitet hat.

Am 25. April 1941 im böhmischen Liberec (damals Reichenberg) geboren, flieht Lüpertz 1948 mit seiner Familie nach Rheydt in der Nähe von Mönchengladbach. Bereits mit 15 Jahren beginnt er, für seinen eigenen Lebensunterhalt zu sorgen, arbeitet neben der Ausbildung an der Werkkunstschule in Krefeld im Kohlebergbau, in der Landwirtschaft und als Bauarbeiter und erwirbt sich so die beeindruckende Physis, die er für sein gewaltiges Arbeitspensum benötigt. Im Alter von 20 Jahren wird Lüpertz an der Kunstakademie Düsseldorf angenommen, die er später als Rektor leiten und lange Jahre prägen wird. Als Student hingegen ist sein Aufenthalt an der Akademie wesentlich kürzer, denn nach einem Semester wird Lüpertz wegen einer Schlägerei hinausgeworfen.

Der renitente Kunststudent sucht zunächst das Abenteuer und verpflichtet sich bei der französischen Fremdenlegion in Algerien, aus der er aber schon bald wieder flieht und nach Berlin zieht, wo ihn die Malerei endgültig packt. Als Lüpertz seine Künstlerkarriere beginnt, ist die figürliche, die gegenständliche Kunst fast vollständig aus der Mode gekommen und führt allenfalls ein Schattendasein. Seit dem Kriegsende hat sich von Paris ausgehend die

informelle Kunst in Westeuropa verbreitet und beherrscht die Ausstellungen und Diskurse der 1950er und frühen 1960er Jahre, während die gegenständliche Malerei aufgrund ihrer offiziellen Stellung in den faschistischen und sozialistischen Diktaturen verfemt wurde. Zusammen mit Georg Baselitz und Eugen Schönebeck revoltieren zu Beginn der 1960er Jahre immer mehr junge deutsche Maler gegen die etablierte abstrakte Kunst und stellen sich in die Tradition berühmter Expressionisten wie Max Beckmann und Ernst Ludwig Kirchner. Auch Lüpertz ist unter den jungen Wilden und gründet gemeinsam mit den beiden Neoexpressiven Bernd Koberling und Karl Horst Hödicke die Selbsthilfegalerie Großgörschen 35. Beeinflusst von Nietzsches Hymnen auf Dionysos entwickelt er seine »dithyrambische Malerei«, die den Autodidakten mit einem Schlag berühmt macht. Allzu lange wird Lüpertz jedoch nicht an dieser Art des Malens festhalten, es folgen Ausflüge in »Babylon-Architekturen« und die »Stil-Malerei«, bei der er mit »deutschen Motiven« experimentiert. Später versucht er sich in abstrakter Kunst und seit Mitte der 1990er Jahre auch in Bildhauerei. Im Laufe seines Künstlerlebens wird Lüpertz vieles ausprobieren, auf seinen Streifzügen durch die Kunst wird er alten Meistern wie Beckmann, Picasso, Kandinsky und Courbet folgen und doch immer ganz unverkennbar Lüpertz bleiben – kraftvoll, vital, rauschhaft, mit Hang zu übergroßen Formaten. Es sind selbstbewusste Statements eines Künstlers, der viel Raum für sich und seine Inszenierungen braucht.

Mit 30 Jahren wird Lüpertz als Professor an die Karlsruher Akademie der bildenden Künste berufen – und erregt durch einige Marotten Aufsehen und Widerspruch. Aus einer Attitüde der – wie er es rückblickend nennt – »maskulinen Unreife« heraus lehnt er es ab, Frauen in seiner Klasse zu unterrichten. Was aber nicht mit mangelndem Talent zusammenhängt oder mit sexuellen Verlockungen, sondern eher mit der sehr persönlichen und manchmal groben Art des Unterrichts, wie Lüpertz ihn damals pflegt. Später muss er jedoch erkennen, dass seine Schülerinnen ihren männlichen Kollegen in nichts nachstehen. Zur Inszenierung als machohafter Dandy mit Vorliebe für schnelle Autos, feines Tuch und Totenkopfringe passt diese Episode aber bestens.

Auch in späteren Jahren ist seine Form des Unterrichtens eher ungewöhnlich, der Maler lässt sich von seinen Schülern mit dem Titel »Meister« anreden, weil er sich nicht als Lehrender im klassischen Sinne versteht, sondern als Vorbild: »Sie können nicht an einer Akademie lehren, wenn Sie nicht den Anspruch stellen, bewundert und geliebt zu werden. Meine Schüler müssen mir die Tür aufhalten, müssen mir in den Mantel helfen – und wenn ich rauchen würde, müssten sie mir Zigaretten holen«, so bekennt er in einem Interview im Magazin der *Süddeutschen Zeitung*.

1986 wird Lüpertz dann als Professor an die Kunstakademie Düsseldorf berufen, die sich als idealer Nährboden für Künstler mit dandyistischer Attitüde und ausgeprägtem Individualismus erweisen wird. Denn auch Joseph Beuys und vor allem Jörg Immendorff, Lüpertz' »freundschaftlicher Konkurrent« und Professorenkollege, verstehen sich auf die Kunst der Selbstinszenierung. Zwei Jahre später wird der Maler mit dem Gespür für den stilsicheren Auftritt zum Rektor der Akademie ernannt und erweist sich dank seines unermüdlichen Einsatzes für die Studenten und die Institution als Glücksgriff. Erst im Juni 2009 wird er verabschiedet. An Ruhestand denkt Lüpertz freilich noch nicht; den langen Jahren an einer öffentlichen Kunsthochschule

Manchmal gerät die Kunst bei so viel Glamour beinahe zur Nebensache: Markus Lüpertz in einem Ausstellungssaal des Amsterdamer Stedelijk Museum, das 1997 eine Werkschau des Malers zeigte.

»Der Künstler ist das Beste, Schönste und Großartigste, was die Gesellschaft hat. Die Zeiten und die Zeitalter werden nach den Künstlern beurteilt und nicht nach irgendwelchen Geschichtsdaten.«

soll nun eine private Akademie nach dem Vorbild der alten Meisterschulen folgen, die im Herbst 2010 ihren Betrieb aufnehmen wird.

Die Arbeit am Gesamtkunstwerk Lüpertz beschränkt sich nicht nur auf die Bilder und Statuen, sondern geht weit über diese Betätigungsfelder hinaus. Seit Jahren tritt der Maler auch als Lyriker in Erscheinung, hält Vorträge, die ihn als äußerst belesenen und geschliffenen Redner ausweisen, frönt bei Auftritten seiner Leidenschaft für Free Jazz. Seit 2003 fungiert das Multitalent auch als Herausgeber von *Frau und Hund*, einer *Zeitschrift für kursives Denken*, die er als Gegengewicht zur etablierten Kunstkritik und als anarchische Spielwiese für befreundete Künstler wie Durs Grünbein, Frank Stella und andere versteht.

Doch es sind nicht allein seine vielfältigen künstlerischen Aktivitäten, seine wuchtigen Bilder und sperrigen Statuen, die in Salzburg, aber auch in Augsburg, Bamberg und anderswo Gegenstand heftiger Kontroversen sind. Auch seine Person, seine Überzeugungen, die auf den ersten Blick mehr als arrogant wirken mögen, und seine äußere Erscheinung erregen Widerspruch und Bewunderung. Zwar betont der Maler immer wieder, dass es ihm nicht um Provokation gehe, zugleich aber gibt er zu, dass Kleidung, Auftreten und Lebensstil für ihn durchaus Unterscheidungsmerkmale sind, die dazu dienen, sich von der Masse abzuheben. Das mag für manchen schon genug sein.

Markus Lüpertz erweist sich in seinem Denken und Handeln als echter Nietzscheaner, der seinen gesamten Willen darauf richtet, »das zu werden, was man ist«. Seine gehobenen Ansprüche an Kleidung, Manieren, Konversation und Luxus leiten sich einerseits von seiner einfachen Herkunft ab. Er sei von unten gekommen und habe nach oben gewollt. Dies bringe gewisse Ansprüche mit sich, die es mit großer Disziplin zu erfüllen gelte, so bekennt Lüpertz in einer Dokumentation mit dem bezeichnenden Titel *Arbeiten für die Ewigkeit* und führt weiter aus: »Ich bedaure die Vernachlässigung der Äußerlichkeiten, der gegenseitigen Höflichkeiten, des Charmes. Ich liebe geschliffene Reden, ich liebe freundschaftliche Zusammenkünfte, das Gespräch auf einem gewissen Niveau. Und ich liebe schöne Menschen, gut gekleidete Menschen – Ansprüche.« Das klingt beinahe altmodisch, drückt aber gleichzeitig einen tiefen Respekt vor anderen Menschen und Umgangsformen aus, die fast in Vergessenheit geraten sind.

Lüpertz selbst kann mit dem Begriff des Dandys wenig anfangen, viel lieber bezeichnet er sich selbst als »Genie«. Doch damit meint er letzten Endes nichts anderes als einen durch und durch außergewöhnlichen Menschen

»*Ich bin ein schwer arbeitendes Individuum und darüber hinaus lediglich ein gut gekleideter älterer Herr.*«

»Ich bin nicht alt genug für die Jugend.«

mit großem Sinn für die Kunst der ästhetischen Selbstinszenierung. »Es wird immer wieder gesagt, ich wäre ein Dandy«, so gibt er in dem Interview mit dem Magazin der *Süddeutschen Zeitung* zu Protokoll und fügt hinzu: »Aber ein Dandy ist der Sohn von reichen Eltern, der nicht arbeitet und den ganzen Tag damit beschäftigt ist, gut auszusehen. Ich bin ein schwer arbeitendes Individuum und darüber hinaus lediglich ein gut gekleideter älterer Herr.« Auch wenn diese Definition zutrifft – immerhin hat Lüpertz rund 15.000 Werke geschaffen –, so hat er doch mit dem Habitus eines Dandys die Rolle seines Lebens gefunden. In einem gigantischen Werk voller *Haupt- und Nebenwege* (so der von Paul Klee entlehnte Titel seiner großen Retrospektive im Jahr 2009 in Bonn) ist diese Rolle die wesentliche Konstante des Gesamtkunstwerkes Markus Lüpertz.

Bühnen des Lebens, Bühnen des Films

*»Jeder möchte gerne
Cary Grant sein.
Ich wäre auch gerne
Cary Grant.«*

Cary Grant

*»Schauspielern ist nicht
mein Leben. Es ist nur
ein Teil meines Lebens.«*

Rupert Everett

Cary Grant
Ein Playboy namens Archie Leach

In der glamourösen Welt der schönen Männer macht der Ton die Musik – so geht es neben Äußerlichkeiten um Talent, Lebensart und Stilwillen, und bisweilen um den richtigen Namen. Angeblich sind diese ja Schall und Rauch, doch gerade Alexander Archibald Leach ist ein Musterbeispiel dafür, dass eine Weltkarriere vom richtigen Pseudonym abhängen kann, denn hinter dem spröden bürgerlichen Namen verbirgt sich einer der beliebtesten Schauspieler Hollywoods – Cary Grant.

Leach, der später als Cary Grant zum Inbegriff des charmanten und unwiderstehlichen Playboys und Gentlemans werden sollte, wird 1904 in Bristol in Großbritannien geboren und stammt aus einfachen Verhältnissen. Als der Junge neun Jahre alt ist, verschwindet seine Mutter plötzlich. Angeblich befindet sie sich zur Erholung an der Küste, doch in Wirklichkeit ist sie in einer Nervenheilanstalt untergebracht. Die Ehe der Eltern scheitert schließlich, und den hochbegabten und sensiblen Jungen hält nichts mehr in seiner bedrückenden Umgebung. Er fliegt von der Schule und schließt sich einer Varieté-Truppe an, mit der er als Artist und Sänger durch England zieht. Im Rahmen eines Engagements im Jahr 1920 kommt Archibald Leach in die Vereinigten Staaten. Als das Ensemble zwei Jahre später das Land wieder verlässt, bleibt er einfach dort und versucht sein Glück – und er findet es.

Zunächst arbeitet er einige Jahre in Theatern am Broadway, bis er im Jahre 1932 einen Vertrag bei den Paramount Studios erhält. Die wollen ihre Neuerwerbung zu einem zweiten Gary Cooper aufbauen – vorausgesetzt, der junge, gut aussehende Engländer legt sich einen anderen, einen geschmeidigeren Namen zu. Leach entscheidet sich für Cary Grant – ein Name, der ihm Glück bringen wird und mit dem ihm von nun an fast alles gelingt. So einfach kann man sich in der Traumfabrik Hollywood neu erfinden.

In mehr als 20 Filmen spielt Grant zunächst den wenig profilierten Stichwortgeber berühmter Partnerinnen wie Marlene Dietrich, Sylvia Sydney und Mae West, die ihn angeblich auf dem Studiogelände entdeckt, Gefallen an dem gut aussehenden Mann findet und beschließt: »Wenn er reden kann,

> *»Um Erfolg beim anderen Geschlecht zu haben, sagen Sie ihr, Sie wären impotent. Sie wird es nicht abwarten können, das Gegenteil zu beweisen.«*

nehme ich ihn.« Grant kann reden und spielt prompt an der Seite der Skandalnudel und Sexbombe Mae West in zwei Filmen mit, die seiner Karriere gehörigen Auftrieb geben. Langsam entwächst er seiner Rolle als *supporting act* und wird selbst zum Hauptdarsteller.

1937 unternimmt Grant einen Schritt, der zur damaligen Zeit sehr selten ist: Als sein Vertrag mit den Paramount-Studios ausläuft, vermarktet er sich selbst und vermeidet jede exklusive Bindung an ein Studio. Der Coup gelingt, es folgen nun Grants erfolgreichste Jahre, die ihn endgültig in die erste Riege der männlichen Hauptdarsteller katapultieren. Der vermeintliche Kleiderständer, als der er in den Anfangsjahren seiner Laufbahn angesehen wurde, erweist sich als gewiefter Geschäftsmann, der seinen Marktwert genau kennt. Der lässige Playboy und charmante Verführer, als der er in vielen Filmen glänzt, ist nur eine der zahlreichen Facetten des Alexander Archibald Leach.

Andere Seiten seines Könnens zeigt er in turbulenten Screwball-Comedys wie *Leoparden küsst man nicht*, *Sein Mädchen für besondere Fälle*, *Arsen und Spitzenhäubchen* oder *Ich war eine männliche Kriegsbraut*. Immer wieder verkörpert er hier die Rolle des Charmeurs mit Humor, den trotz aller Heiterkeit ein Geheimnis umgibt. Doch Grant bewährt sich nicht nur als stets eleganter und verführerischer Komödiant, sondern auch in vielschichtigeren Rollen, die ahnen lassen, dass der Sunnyboy Hollywoods auch dunkle Facetten hat.

So wird in Alfred Hitchcocks Film *Verdacht* aus dem Jahre 1941 diese Abgründigkeit deutlich: Hier spielt Grant einen Playboy und notorischen Spieler, der unter den Verdacht gerät, seine junge und vermögende Ehefrau ermorden zu wollen, um so an deren Lebensversicherung heranzukommen. Es ist zum damaligen Zeitpunkt noch eine ungewohnte Rolle für den Publikumsliebling Grant, und der Kodex der Hollywood-Studios sowie die Erwartungen der Zuschauer waren dafür verantwortlich, dass der Film kein böses Ende nimmt. Eines aber verdeutlicht *Verdacht*: Selbst hinter dem sorgsam konstruierten Image von Cary Grant schlummern Abgründe an Rücksichtslosigkeit – gerade in Liebesdingen.

Neben etlichen Affären sind es fünf Ehen, die sein Liebesleben prägen. Die erste mit der Schauspielerin Virginia Cherril dauert von 1934 bis 1935, mit der Millionen-Erbin Barbara Hutton, die später den Reizen des »Kariben-Casanovas« Porfirio Rubirosa verfällt, ist er von 1942 bis 1945 verheiratet, und mit Betsy Drake hält er es von 1949 bis 1962 aus. Anschließend, 1965 bis 1968, folgt die Schauspielerin Dyan Cannon, mit der er eine gemeinsame Tochter hat, die er als seine »beste Produktion« bezeichnet. Und zuletzt heiratet er im Jahre 1981 die 46 Jahre jüngere PR-Managerin Barbara Harris, mit der er bis zu seinem Tod 1986 zusammenbleibt. Doch der »bestgekleidete Mann der Welt« hat nicht immer Glück mit den Frauen, so lehnt Sophia Loren gleich zwei Heiratsanträge von ihm ab – dabei wären sie auch nach heutigen Maßstäben das Traumpaar Hollywoods gewesen.

Grant ist nicht nur ein Liebling der Frauen, dem neben seinen Ehen unzählige Affären nachgesagt werden; bis heute hält sich hartnäckig das Gerücht, er sei seinem Freund und Kollegen Randolph Scott mehr als zugetan gewesen. Als Grants Ehe mit Virginia Cherril scheitert, zieht er kurzerhand bei Scott ein und sorgt damit in der Traumfabrik für wilde Spekulationen und viel Getuschel. Ob die beiden Mimen allerdings je mehr verband als eine innige Freundschaft, das ist bis heute nicht geklärt – schaden können ihm, dem quasi Unberührbaren Hollywoods, die Gerüchte aber nie. Im Gegenteil: Die *persona* Grants erhält dadurch auch außerhalb der Leinwand eine Vielschichtigkeit, die sie umso faszinierender macht.

Auf dem Höhepunkt des Ruhms: Manchmal umgab ihn auch eine Aura des Geheimnisvollen und die Ahnung, dass dieser Mann ebenso charmant wie gefährlich sein kann. Hier ein Standfoto mit Ingrid Bergman aus Alfred Hitchcocks Film Berüchtigt *von 1948.*

INGRID BERGMAN · CARY GRANT
in
Weißes Gift
(Notorious)
mit
CLAUDE RAINS, REINHOLD SCHÜNZEL
REGIE: ALFRED HITCHCOCK

Zu Beginn der 1960er Jahre erhält Grant das Angebot, zum ersten Darsteller der Figur des James Bond in den Filmen nach den Agenten-Romanen von Ian Fleming zu werden. Doch Grant, dem diese Rolle wie auf den Leib geschneidert gewesen wäre, lehnt mit der Begründung ab, sich nicht für mehrere Filme binden zu wollen. Und vielleicht spielt noch ein anderes Motiv mit: Grant ist zu diesem Zeitpunkt beinahe 60 Jahre alt – und damit seiner Meinung nach zu alt für den dynamischen Bond. Die Rolle wird stattdessen Sean Connery erhalten und damit eine Weltkarriere starten.

Ende der 1960er Jahre neigt sich Grants Karriere dem Ende zu, es ist ein Ausstieg auf Raten. Da er nur noch für die Rolle des Großvaters in Frage komme, sei es an der Zeit, sich vermehrt dem Privatleben zuzuwenden, so Grant. Zudem weiß er genau, dass die goldenen Zeiten Hollywoods dem Ende entgegengehen, dass das alte Studio-System, das ihn zu einem Star gemacht hat, nicht mehr lange existieren wird. Was nun folgt, ist die zweite Karriere

»Wer Cary Grant ist? Sagen Sie es mir, wenn Sie's herausgefunden haben.«

> *»Mein Rezept für das Leben ist denkbar einfach: Ich stehe morgens auf und gehe abends ins Bett. Zwischendrin versuche ich mich so gut wie möglich zu beschäftigen.«*

Grants – obwohl sein Vermögen trotz kostspieliger Scheidungen durchaus einen geruhsamen Lebensabend zuließe. Er ist Mitglied des Aufsichtsrates in einem Kosmetikunternehmen, sitzt später im Vorstand der Western Airlines und wird zu einem der Präsidenten von MGM. Und spätestens jetzt wird klar, was ihn von so manch anderem Playboy und Lebemann unterscheidet: Grant ist nicht nur ein Selfmademan, der den Aufstieg von ganz unten geschafft hat, sondern auch noch mit großem geschäftlichen Talent gesegnet.

Trotz einer der größten, längsten und erfolgreichsten Karrieren in der Traumfabrik haftet ihm stets ein Makel an: Alexander Archibald Leach ist mit solcher Perfektion zu der Kunstfigur Cary Grant geworden, dass sich hartnäckig das Vorurteil hält, er sei eigentlich gar kein Schauspieler, sondern stelle immer nur sein anderes Ich dar – ganz gleich, in welchem Film er mitspiele.

Es deutet vieles darauf hin, dass Cary Grant das ähnlich sah: »Jeder möchte gerne Cary Grant sein«, sagte er in einem Interview einmal über den Starrummel und fügte hinzu: »Ich wäre auch gerne Cary Grant.« Dieses Bild wird dadurch gestärkt, dass er trotz zahlreicher Nominierungen niemals den Academy Award als bester Schauspieler erhielt, sondern »nur« einen für sein Lebenswerk. Was wäre auch treffender für einen Schauspieler, der sich vor allem selbst erfunden hat? Frank Sinatra, der 1970 den Ehren-Oscar überreichte, brachte es auf den Punkt: »The Honorary Oscar goes to Cary Grant – for being Cary Grant.« Selten waren ein Mensch und seine Rolle so eng miteinander verknüpft wie bei Alexander Archibald Leach.

Wie es in jenem Archie Leach wirklich aussah, das offenbaren seine Memoiren, die bezeichnenderweise als Titel seinen Geburtsnamen tragen. Sie geben Einblick in einen zutiefst verunsicherten Mann, der unter dem Trauma einer lieblosen Kindheit und dem Schock, den das Verschwinden seiner Mutter auslöste, litt und der deswegen nie aufhörte, ein Kind zu sein. Ein Mann, der in den 1950er Jahren sogar mit dem damals noch legalen LSD experimentierte, um herauszufinden, wer er wirklich war.

Dass sich hinter dem Namen Archie Leach doch ein Verführer verbergen kann, davon erzählt 1988, zwei Jahre nach dem Tod des großen Schauspielers, der Film *Ein Fisch namens Wanda* von Charles Chrichton mit John Cleese in der Rolle eines verklemmten britischen Anwaltes mit ebenjenem Namen, der die begehrte Frau erst dann für sich gewinnt, als er russische Gedichte rezitiert. Dagegen hatte es der einzig wahre Archie Leach doch wesentlich leichter!

Rupert Everett
Das wilde Leben des »Prince Charming«

Es gehört zu den – manchmal weniger erfreulichen – Privilegien des Berühmtseins, dass man überall auf der Welt erkannt und angesprochen wird, dass man mit der Zeit eine durch und durch öffentliche Person ist. Von Begegnungen dieser Art kann auch Rupert Everett ein Lied singen. Zum Beispiel von jenem Tag, an dem er von einem offensichtlich etwas angeheiterten britischen Touristen auf dem Flughafen von Miami auf diverse Filme angesprochen wurde. Die anfängliche Begeisterung über die Anteilnahme an seiner Karriere verwandelt sich schnell in Ärger, als Everett bemerkt, dass der »Fan« ihn offensichtlich mit einem britischen Landsmann, nämlich mit Hugh Grant, verwechselt. Daher verewigt sich Everett, als er um ein Autogramm gebeten wird, mit den bitterbösen Worten »Fall tot um! Love, Hugh Grant« auf dem hingehaltenen Ticketumschlag des Fans. Everett gilt als einer der schönsten Männer des Showgeschäfts und als Idealbesetzung für sämtliche Dandycharaktere, die Oscar Wilde in seinen Bühnenstücken zum Leben erweckt hat. Doch er erlebte nie den ganz großen Durchbruch als Filmschauspieler, wie diese Episode eindrucksvoll beweist. Wie viele andere hochkarätige Darsteller britischer Herkunft blieb Everett dem Theater stets treu, darin sieht er seine eigentliche Bestimmung. Ein Sexsymbol wurde er trotzdem.

Dass der Mime später einmal zu den schillernden Persönlichkeiten des öffentlichen Lebens gehören würde, verdankt er mit Sicherheit auch seiner Herkunft, die ebenso exquisit wie verrucht ist. Rupert James Hector Everett wird am 29. Mai 1959 als zweiter Sohn des Offiziers und späteren Geschäftsmanns Anthony Michael Everett und der aus bestem Hause stammenden Sara Maclean geboren. Unter den Vorfahren Everetts befinden sich unter anderem der britische König Karl II., der vormalige britische Oppositionsführer Sir Donald Maclean und der Doppelagent Donald Duart Maclean, der dem berüchtigten sowjetischen Spionagering der *Cambridge Five* angehörte.

Auch Everetts Vater hätte nach seinem Abschied aus der Armee beinahe eine zwielichtige Karriere eingeschlagen. Doch der Offizier vom Scheitel bis zur Sohle war für die undurchsichtigen Geschäfte des Marquis of Bristol, der in

den 1930er Jahren »Impresario« der *Mayfair Gang* gewesen war, wohl zu sauber, wie Everett beinahe bedauernd in seiner Autobiografie schreibt. Trotzdem bilden die Vorfahren und Verwandten Everetts eine Familie, wie sie Wilde nicht treffender hätte erfinden können, um die Dekadenz und den Niedergang des britischen Adels zu beschreiben. Sicher bemüht sich Rupert nach Leibeskräften, den illustren Beispielen zu folgen.

Im Alter von sechs Jahren entdeckt Rupert seine Leidenschaft für das Kino – ausgerechnet in einer Vorstellung von *Mary Poppins* mit Julie Andrews. Diese wirft den Jungen so sehr aus der Bahn, dass er während der Vorstellung lautstark mit dem Kindermädchen auf der Leinwand zu kommunizieren beginnt und beschließt, Schauspieler zu werden. Seine allem Anschein nach sehr wilde Schullaufbahn beginnt er in verschiedenen katholischen Privatschulen, mit 13 Jahren folgt er seinem älteren Bruder ins katholische Benediktiner-

> *»Ich bin eine Sexmaschine für beiderlei Geschlechter. Das ist alles sehr ermüdend. Deshalb brauche ich eine Menge Schlaf.«*

Internat von Ampleforth Abbey in Yorkshire, wo er es drei Jahre lang aushält, bevor er seine Eltern dazu überredet, ihn eine Schauspielschule besuchen zu lassen. Nach zwei Jahren an der Central School of Speech and Drama in London wird der angehende Schauspieler ohne Abschluss von der Schule geworfen. Auf eigene Faust reist er daraufhin nach Glasgow, wo er mit viel Glück seine ersten, noch stummen Rollen als Komparse am Citizens' Theatre erhält. Als Everett aufgrund eines Missverständnisses für den neuen ständigen Begleiter von Bianca Jagger gehalten wird und auf diese Weise zu plötzlichem Medienruhm gelangt, stellen sich alsbald auch die ersten Sprechrollen ein. Es zeigt sich, dass der junge Mann, der von seinem eigenen Talent als Darsteller wenig hält, in den entscheidenden Momenten auf sein gutes Aussehen bauen kann.

Seinen Durchbruch am Theater feiert Everett im Jahre 1981 im Londoner Greenwich Theatre mit einem Stück, das die Vergangenheit seiner Familie unmittelbar berührt. In *Another Country* spielt er die Rolle des Guy Bennett, der wiederum auf Guy Burgess beruht – jenem Doppelspion, der zusammen mit Everetts Großonkel Donald Duart Maclean Mitglied der *Cambridge Five* war.

Es folgt eine höchst wechselvolle Karriere, in deren Verlauf Everett ein erfolgreiches Album veröffentlicht, in etlichen, sehr unterschiedlichen Filmen mitspielt, dann wieder pausiert, um sich ausschließlich auf das Theater zu konzentrieren, und immer wieder umzieht: Paris (wo er zeitweise in Oscar Wildes Sterbezimmer logiert), New York, Los Angeles, Miami, London und Rom sind Stationen seines unsteten Wanderlebens. Dabei erweist er sich zunehmend als gleichgültig, wo er sich gerade befindet – stets ist er aufgrund seines blendenden Aussehens und seines Charmes ein schillernder Mittelpunkt der *gay community*.

Als Everett sich 1989 endgültig outet, befürchten viele, dies würde das sichere Ende seiner Karriere im amerikanischen Filmgeschäft bedeuten. Doch trotz längerer Pausen gelingt es ihm immer wieder, auf die Leinwand zurückzukehren – wenngleich mit höchst unterschiedlichem Erfolg.

Im Jahr 1997 feiert Everett seinen größten Triumph: An der Seite von Superstars des Hollywoodkinos wie Julia Roberts und Cameron Diaz spielt er in *Die Hochzeit meines besten Freundes* den schwulen Vertrauten einer Frau, die von den Hochzeitsplänen ihres ehemaligen Freundes aus der Bahn geworfen wird. Dabei ist Rupert Everett zunächst wenig erfreut, als er das Drehbuch liest. Ganze drei Sätze umfasst die Rolle anfangs. Nach zähen Verhandlungen

Kaum ein Schauspieler ist besser geeignet, die Dandys in den Stücken Oscar Wildes zu verkörpern, als Rupert Everett. Wie sie vereint auch er Schönheit, Eleganz und Widerspruchsgeist in sich.

und neuen Szenen, die in das Drehbuch hineingeschrieben werden, ist die männliche Diva endlich bereit, den Part zu übernehmen – und hat mit dem Film schließlich großen Erfolg.

Das Glück und die Popularität, die ihm dieser Film verschafft, sind jedoch nicht von Dauer. Mit bemerkenswerter Konstanz vergreift sich Everett regelmäßig bei der Auswahl seiner Rollen, so dass jedem Erfolg mit ziemlicher Sicherheit ein grandioser Flop folgt. Nach *Die Hochzeit meines besten Freundes* ist das nicht anders. Zwar kann sich Everett in der Folgezeit vor Angeboten kaum retten, aber meist werden ihm die immer gleichen Rollen angeboten – er soll wie in *Die Hochzeit meines besten Freundes*, der weltweit knapp 300 Millionen US-Dollar einspielt, den schwulen Kumpel einer schönen Frau spielen. Doch der Erfolg mit diesem Klischee lässt sich nicht ohne weiteres wiederholen. Mit *Ein Freund zum Verlieben*, dem letzten Film der Regielegende John Schlesinger, der im Jahr 2000 gedreht wird, wird das Klischee sogar noch ausgebaut: In diesem Film spielt Everett den (natürlich schwulen) Freund einer Frau (dargestellt von der Popdiva Madonna), und beide landen nach reichlich Alkohol miteinander im Bett und zeugen prompt ein gemeinsames Kind. Das Pikante an der Geschichte: Auch im wahren Leben sind Madonna und Rupert Everett eng miteinander verbunden. Da man um Everetts gelegentliche Affären mit Frauen weiß, wird rund um den Film herum natürlich wild spekuliert, ob denn auch die ungekrönte Königin des Pop zu Everetts Eroberungen gehört. Dem Film selbst hilft das freilich wenig, sowohl bei der Kritik wie auch beim Publikum fällt der Streifen gnadenlos durch. Mehr noch – Madonna muss herbe Kritik für ihre Rolle einstecken und bekommt sogar die Goldene Himbeere, den gefürchteten Razzie Award, verliehen, den Preis für die schlechteste darstellerische Leistung.

In den folgenden Jahren wendet sich Everett neben gelegentlichen Auftritten in Filmen dem Schreiben zu, er arbeitet zeitweise als Redakteur für *Vanity Fair*, verfasst zwei Romane sowie ein Drehbuch über Oscar Wildes letzte Jahre und legt mit *Rote Teppiche und andere Bananenschalen* seine ebenso amüsante wie wilde Autobiografie vor, in der er mit einigen Überraschungen aufwartet. Obgleich er – ganz Gentleman – all jene Fragen nach Affären mit Madonna und anderen Berühmtheiten gekonnt und diskret umschifft. Nebenbei modelt Everett wie seit Anbeginn seiner Karriere immer noch gelegentlich, ist befreundet mit Donatella Versace und zahlreichen anderen Modedesignern.

»Eines der wirklich großartigen Dinge am Älterwerden ist die Tatsache, dass Beschäftigungslosigkeit mehr und mehr Spaß macht.«

*»Ich bin verwirrt
von meinen
heterosexuellen
Affären – aber
andererseits bin
ich verwirrt
von den meisten
meiner Affären.«*

In 56 Filmen hat Everett seit Beginn seiner Karriere mitgewirkt, in Hollywood-Großproduktionen – so lieh »Prince Charming« in *Shrek* seine Stimme – genauso wie in ambitionierten Kunstfilmen. Wie vielfältig sein Repertoire ist, hat er damit bereits bewiesen. Am eindrücklichsten in Erinnerung geblieben ist er dabei in all jenen Rollen, in denen er sich selbst spielt: *very british*, mit dieser unvergleichlichen Mischung aus der Attitüde der *upper class* und Verruchtheit; ein großer Junge, der um seine enorme Wirkung auf Männer und Frauen weiß und der schon vieles gesehen hat. Die Lässigkeit, mit der Everett im Film wie im Leben immer wieder scheitert und es anschließend erneut probiert, sein grenzenloser Hedonismus und diese sehr spezielle Mischung aus kühler, dandyhafter Distanziertheit sowie der Gerissenheit eines gewieften Verführers, sie lassen einen trotz der äußerst wechselvollen Karriere Everetts niemals bange werden um diesen Mann. Wer so schön ist wie er, der muss ein Liebling der Götter sein.

Dandyism goes Pop

»Dance ist die größte Kunst-
form des späten 20. Jahrhunderts...
Das ist die Gegenwart ...
Alles andere klingt völlig
unangemessen.«

David Bowie

»Ich hatte niemals die Absicht,
kontrovers zu sein, aber es ist
sehr einfach, in der Popmusik
kontrovers zu sein, weil es sonst
nie jemand ist.«

Morrissey

David Bowie
Der Pop-Dandy von einem anderen Stern

Provokante Rollenspiele und rasante Imagewechsel prägten seine Karriere: David Bowie als Thin White Duke mit Anleihen bei der Ästhetik der 1930er Jahre. In der Zeit um 1976, als Bowie diese persona *entwickelte, waren seine Gesundheit und seine psychische Verfassung durch exzessiven Drogenkonsum in Mitleidenschaft gezogen.*

Die Spuren, die das Dandytum in der Popkultur hinterlassen hat, sind unübersehbar – vor allem in England, der Heimat von Beau Brummell und Oscar Wilde, das für echte Kenner schon immer das Epizentrum der Popmusik war. Dort hat insbesondere die Ära des Glam Rock zu Beginn der 1970er Jahre der bis dahin beinahe vergessenen Subkultur der ästhetischen Opposition neues Leben eingehaucht und sie auf eine neue Stufe der Evolution geführt. Musiker wie Gary Glitter, Bryan Ferry und seine Band *Roxy Music* und Marc Bolan von *T.Rex* setzen nach der Hippie-Ära ein ebenso schrilles wie lautes Ausrufezeichen, das schließlich in die Revolution des Punk und New Wave führt. Von den Paradiesvögeln jener Tage ist neben Bryan Ferry nur noch einer dem Popzirkus treu geblieben – David Robert Jones, bekannt als David Bowie.

Im Jahr 1947 in Brixton geboren, gerät David schnell in den Bann der Beatmusik und nimmt bereits 1964 seine erste Single auf. Drei Jahre später erscheint sein Debütalbum mit Folk-Balladen und Songs, die vor allem von Musicals inspiriert sind – ein erstes Anzeichen seiner großen Faszination für alles Theatralische, die in Bowies weiterer Karriere noch eine große Rolle spielen wird.

Als er im selben Jahr den Pantomimen Lindsay Kemp kennenlernt, wird dies zu einem Schlüsselerlebnis für den jungen und anfangs sehr schüchternen Musiker. Durch Kemp lernt er alle Tricks der (Selbst-)Inszenierung, das Erfinden eines Image sowie die Wirkung von Kostümen, und wird diese im Laufe der Jahre zu großer Perfektion bringen. 1969 veröffentlicht Bowie sein zweites Album *Man of Words, Man of Music*, das unter anderem seinen ersten Hit *Space Oddity* enthält; einen Song über den Astronauten Major Tom, der während seiner Reise durch den Weltraum den Funkkontakt zu seiner Bodenstation verliert. Sichtlich beeindruckt von Stanley Kubricks epochalem Meisterwerk *2001: Odyssee im Weltraum* wird Major Tom zur ersten *persona* des Musikers und zum Beginn einer schwindelerregenden Reise durch Images und Rollen, mit denen sich ständig zu einem Kunstwesen außerhalb der normalen Realität formt. Wenn sich Dandys ihre Welt und ihr Image selbst erschaffen, ist Bowie ein Über-Dandy, dem nur eine Welt und ein Image nicht genügen.

Nach diesem ersten Erfolg gewinnt die Karriere des Musikers rasant an Fahrt – nicht nur dank seiner Songs, sondern auch dank seiner schrillen Kostüme, seiner kühlen Androgynität und seines insgesamt exaltierten Auftretens. Bowie wird zum ungekrönten König des schrillen und bunten Glam Rock und verbreitet mehr Glamour und raffinierte Künstlichkeit als alle seine Kollegen. In rasendem Tempo legt er in jedem Jahr ein, manchmal sogar zwei neue Alben vor. Zu jeder Neuerscheinung präsentiert sich Bowie als eine neue *persona*, die in manischem Furor ihre Outfits, Haltung und Musikstile wechselt und sich so ständig neu erfindet. Eindrücklich bleibt er als Ziggy Stardust in Erinnerung, ein fiktiver Rockstar, dessen Botschaft von Liebe und Frieden an seiner Hybris, seinem Drogenmissbrauch und an den Anforderungen seiner Fans scheitert. Das Album *The Rise and Fall of Ziggy Stardust and the Spiders from Mars* markiert den endgültigen Durchbruch des Musikers. Wie bei seinem Alter Ego ist dieser Erfolg zugleich der Beginn eines unaufhaltsamen Abstiegs. Eine Reise ins finstere Herz des Rockzirkus.

Dass das Kunstwesen Ziggy Stardust nicht nur eine Rolle ist, sondern auch etliches von Bowies kryptischer Persönlichkeit enthält, bemerkt zunächst kaum jemand. Den artifiziellen Welten seiner raffinierten Popopern folgen

»*Der Mensch ist am wenigsten er selbst, wenn er in eigener Person spricht. Gib ihm eine Maske, und er sagt die Wahrheit.*« Oscar Wilde

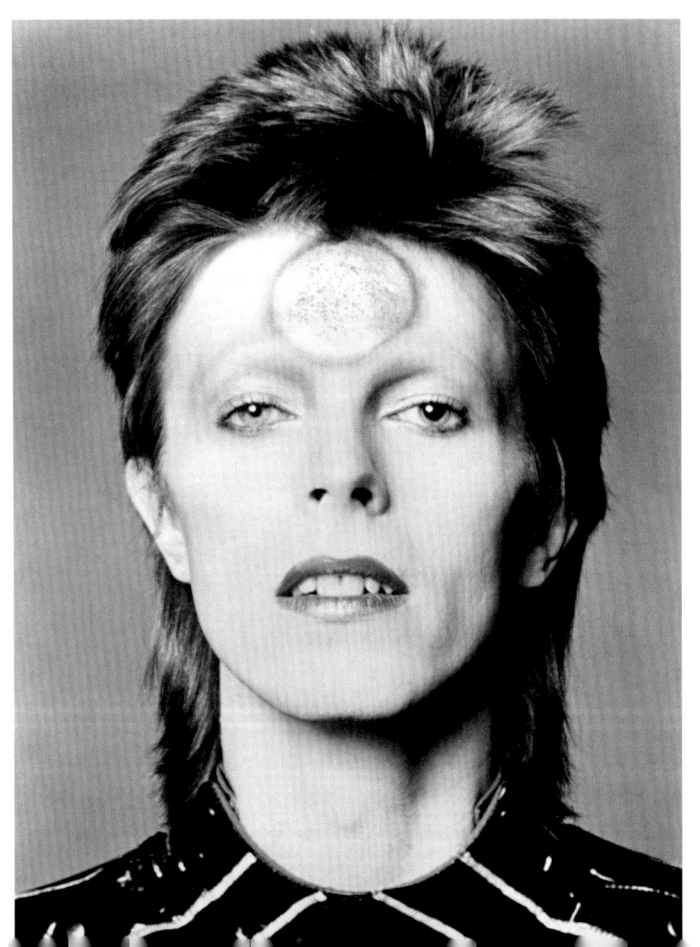

> *»Ich habe mein Image so häufig neu erfunden, dass ich die Augen vor der Wahrheit verschließe, ursprünglich eine übergewichtige koreanische Frau zu sein.«*

bald die künstlichen Kicks durch Drogen wie Heroin und Kokain. Wie ein Besessener produziert Bowie Album um Album, wechselt von Folk, Glam Rock und Space Pop zu Soul und R&B und führt ein derart exzessives Leben zwischen Fiktion und Realität, dass der tiefe Fall lediglich eine Frage der Zeit ist. Anfang der 1970er Jahre zieht der Musiker nach Los Angeles, wo er sich teilweise nur noch von Milch und Kokain ernährt und so auf 50 Kilo abmagert. Er wirkt nun wie ein Geist, der in Interviews unverständliches Zeug von UFOs und faschistoiden Fantasien murmelt. Als Thin White Duke, eine dekadente Mixtur aus Nazi-Ästhetik und dem Dandylook der Weimarer Republik, verschlägt es Bowie dann nach Berlin, der damaligen »Welthauptstadt des Heroins«, wo sein revolutionäres Berlin-Triptychon *Low*, *Heroes* und *The Lodger* entsteht. Abermals verändert Bowie seinen musikalischen Stil, experimentiert unter dem Einfluss deutscher Avantgarde-Bands wie *Kraftwerk* und *Neu!* mit elektronischen Sounds und wird so zu einem wichtigen Impulsgeber für die weitere Entwicklung der Popmusik. Wie die Dandys in der Mode folgt er keinen Strömungen, sondern ist selbst innovativ und setzt Trends, wechselt geschmeidig zwischen massentauglichem Pop und wilden Experimenten.

Aufstieg und Fall, Sackgasse und Neuanfang – auch in den kommenden Jahren und Jahrzehnten wird Bowies Karriere zwischen diesen Extremen pendeln. Doch es hat sich etwas verändert: Die musikalischen Experimente des Musikers bedingen schon lange keine radikalen Imagewechsel mehr wie noch in den 1970er Jahren. Der Mann, der Major Tom, Ziggy Stardust, der Thin White Duke und Aladdin Sane war, ist einfach nur noch David Bowie – der wahrscheinlich größte Dandy im an Selbstdarstellern und Exzentrikern nicht gerade armen Popgeschäft.

Was Bowie zum vollkommenen Popdandy macht, ist vor allem sein virtuoses Jonglieren mit Masken und Rollen, sein Faible für alles Künstliche. Seine häufigen Identitätswechsel und die damit verbundene enorme musikalische Vielfalt werden mit der Zeit so sehr zu Bowies Markenzeichen, dass ihn die Presse bald als »Chamäleon des Pop« bezeichnet – was den Kern seiner schillernden Persönlichkeit nicht einmal annähernd trifft. Wie der Künstler selbst zu Recht bemerkt, passt sich ein Chamäleon an seine Umwelt an, um nicht aufzufallen. Im Falle des Visionärs Bowie ist es umgekehrt: Das Spiel mit Identitäten und Stilen hebt den Musiker von der Masse ab, es zeigt Trends auf und richtet die Aufmerksamkeit des Publikums auf die subversiven Randbereiche von Pop, Mainstream-Kultur und Medien, die ohne ihn kaum so ein großes Publikum finden würden.

Die alles integrierende Kraft der facettenreichen Kunstfigur David Bowie, die selbst wiederum etliche Kunstfiguren erschaffen hat, ist das Gegenmodell zu sämtlichen Marketingstrategien des Pop-Business, die meist auf der unverwechselbaren Identität ihres Produkts und ihrer Interpreten beruhen. Bowie aber, der schon in frühen Jahren sein Management selbst in die Hand nimmt, schert sich wenig um solche kommerziellen Erwägungen, sondern erfindet sich immer wieder neu. Einzig Madonna, die »Dandyette« (so die Bezeichnung für die weiblichen Dandys der 1930er Jahre) und unbestrittene Diva der Popmusik, hat diese häufigen Identitätswechsel in ähnlichem Maße ausgereizt wie David Bowie. Diese Strategie der stetigen Veränderung als einziger Konstante funktioniert bemerkenswert gut.

David Bowies Vorliebe für Inszenierungen, Masken und Rollen, Theatralik und Künstlichkeit prädestiniert ihn geradewegs für den Film, und im Laufe seiner Karriere nimmt Bowie Rollen an, die ihm auf den Leib geschnitten sind. Selten aber passte eine Rolle so gut wie in seinem Schauspieldebüt 1976 bei Nicolas Roegs Science-Fiction-Film *Der Mann, der vom Himmel fiel*. Hier spielt er einen Außerirdischen in Menschengestalt, der mit aller Macht versucht, auf seinen Heimatplaneten zurückzugelangen. Doch der Alien zerbricht an der selbstsüchtigen und rücksichtslosen Natur der Menschen auf dem Planeten Erde und verliert zunehmend seine außergewöhnlichen Fähigkeiten und Begabungen. Bowies Rolle als sensibler und empathischer Außerirdischer ist ein Spiegel seines Image als Schöpfer von *Space Oddity* und als Erfinder der Kunstfigur Ziggy Stardust und reflektiert zugleich seinen Status als Star und Dandy, der sich davor fürchtet, dass seine exzentrische Persönlichkeit durch die Rücksichtslosigkeit der Menschen zerstört wird. Dass Dandys wie er oftmals ein tragisches Ende nehmen, das weiß Bowie nur allzu gut.

»Ich hatte immer das abstoßende Bedürfnis, mehr als nur ein Mensch zu sein. Ich habe mich mit meinem Menschsein sehr mickrig gefühlt. Ich dachte: Verdammt, ich will ein Übermensch sein.«

»Ich bin ein Instant-Star. Einfach Wasser hinzu-fügen und umrühren.«

Sein exzessives Leben und sein unermüdliches kreatives Arbeiten sind nicht spurlos an dem Musiker vorübergegangen. Im Sommer 2004 muss Bowie wegen eines Herzinfarkts seine bereits laufende Tournee abbrechen und kann nur dank einer Notoperation gerettet werden. Seitdem ist es ruhig geworden um den Popdandy, der mit seiner Frau Iman, einem ehemaligen Topmodel, und seiner Tochter in New York lebt. Die wilden Zeiten sind vorbei, auch Dandys werden älter – sofern sie das Glück haben zu überleben.

Der Griff nach den Sternen und seine Vorliebe für Außerirdisches jedoch scheinen vererbbar zu sein. Bowies Sohn Duncan Jones – auch bekannt als Zowie Bowie – hat unlängst seinen ersten Spielfilm mit dem Titel *Moon* veröffentlicht und damit auf Festivals rund um den Globus für Furore gesorgt. Der Film wirkt, als sei er eine visuelle Umsetzung und Variation von David Bowies Song *Space Oddity*. Vielleicht markiert ja Duncan Jones' Ausflug zu den Sternen den Beginn einer einzigartigen Karriere – in Sachen Exzentrik und Stil kann der junge Filmemacher von seinem berühmten Vater einiges lernen.

Morrissey
Der Oscar Wilde des Pop

Neben David Bowie kommt Morrissey dem Dandy-Ideal auf seine Weise so nahe wie kaum ein anderer Popkünstler. Nicht nur das macht ihn zu einer Ausnahmeerscheinung der Popmusik.

Dandys, so heißt es, sind stets Boten des Niedergangs und der Veränderung. In ihrer Dekadenz und ihrem ungehemmten Individualismus spiegelt sich die Erosion gesellschaftlicher Verhältnisse wider, die stattfindet, wenn eine Ära zu Ende geht und eine andere noch nicht begonnen hat. Und exakt dies trifft auch auf den vielleicht größten Dandy der Popgeschichte zu, dessen Heimat sich – wie kann es anders sein – in England befindet. Der 1959 in Manchester geborene Steven Patrick Morrissey, den die Popwelt schlicht unter seinem Nachnamen kennt, ist nach wie vor einer der schillerndsten und faszinierendsten Singer-Songwriter.

Nach langen und schmerzvollen Jahren der Depression und des unaufhaltsamen Niedergangs des Vereinigten Königreichs Großbritannien schlugen *The Smiths* aus Manchester wie eine Bombe in die darniederliegende britische Popszene ein. 1979 hatte die konservative Premierministerin Margaret Thatcher die Regierungsgeschäfte übernommen und baute das von einer schweren wirtschaftlichen Krise geschüttelte England nach ihren Vorstellungen um. Wie der gesamte Norden, so hatte auch Manchester, einst Ausgangspunkt der industriellen Revolution und Geburtsort des Manchester-Kapitalismus, unter den Auswirkungen des Thatcherismus zu leiden. Dadurch wurde es zum idealen Nährboden für die musikalische Revolution, an deren Spitze *The Smiths* und deren charismatischer Frontmann Morrissey stehen sollten.

Dass Steven Patrick Morrissey anders als andere Kinder war, zeigte sich bereits im zarten Alter von sechs Jahren, als er begann, Platten von Interpreten wie Sandie Shaw, Billy Fury und anderen Schlagersängern zu sammeln – zu Zeiten von Beatlemania und *Rolling Stones* wurde er damit zu einem Außenseiter, der er fortan blieb. Den Großteil seiner Jugend verbrachte er mit der Lektüre von Büchern, als Leiter des britischen Fanclubs der von ihm verehrten *New York Dolls* oder mit dem Versuch, als Sänger in eine Band einzusteigen. Doch erst als er 1982 den Gitarristen Johnny Marr traf, sollte der Funken überspringen und eine der erfolgreichsten musikalischen Partnerschaften entstehen: *The Smiths* betraten die Bühne der Popmusik.

Die Band war in der von großer Sterilität und Künstlichkeit geprägten Musikszene der Achtzigerjahre eine absolute Ausnahmeerscheinung: Sie mischte die Wut des Punk mit Texten voller Poesie über Einsame, Verzweifelte und unglücklich Liebende, sie prophezeite das Ende des Königreichs (*The Queen is Dead*) und forderte »Margaret on the Guillotine«. *The Smiths* waren ganz normale Jungs aus Manchester und wurden Superstars, Hedonisten und radikale Vegetarier (*Meat is Murder*). Sie hatten ein untrügliches Gespür für gute Melodien, vor allem aber waren es Morrisseys ungeheures Charisma, seine Texte und seine unglaubliche Stimme, die den Sound und das Image der Band prägten. Von Beginn an polarisierte er das Publikum mit seinem provokanten Auftreten, seiner exaltierten Art und seiner Vorliebe für Damenblusen in extremer Weise. Entweder man liebte, vergötterte *The Smiths* (und damit vor allem Morrissey) oder man hasste sie abgrundtief. Das hat sich bis zum heutigen Tag nicht geändert.

Von 1982 bis 1987 währte die Herrschaft von *The Smiths* über die britische Popmusik. Doch selbst diese kurze Zeit und lediglich vier Studioalben genügten, um sie zu einer Legende werden zu lassen, die bis heute die Musikgeschichte beeinflusst. Am Ende scheiterte die Band an internen Streitigkeiten zwischen dem Gitarristen Johnny Marr und Morrissey, und die Wege trennten sich.

Auch wenn *The Smiths* und Morrissey trotz einiger Top-Ten-Hits in ihrer Heimat außerhalb Großbritanniens kommerziell kaum erfolgreich waren, ist ihr Einfluss auf den britischen Pop unübersehbar. Im Januar 2004 kürte der *New Musical Express The Smiths* gar zum »Most Influential Artist Ever« – noch vor den Beatles und all den anderen Impulsgebern des Pop und Rock. Mag dies manchem auch übertrieben erscheinen, so ist die Entstehung des Britpop mit Bands wie *Oasis*, *Blur* und *Suede* ohne *The Smiths* kaum denkbar. Zumal selbst die Gebrüder Gallagher, sonst nicht gerade für ihren Respekt gegenüber anderen bekannt, dem großen Poeten der Popmusik ihren Tribut zollen. Morrissey sei der beste Songtextschreiber, den er jemals gelesen habe, sagte Noel Gallagher in einem Interview und fügte hinzu, dass dessen Platten bis in alle Ewigkeit Bestand haben würden. Noch heute bekennen sich Bands wie *Placebo*, *Muse* und *Belle and Sebastian* zu der ungeheuren Wirkung, die *The Smiths* und ihr charismatischer Mastermind auf sie hatten.

Morrissey geht mit seinen Verehrern aus der Branche weniger rücksichtsvoll um: Die Mitglieder von *Oasis*, so gab er bekannt, würden auf ihn wirken wie »Lotteriegewinner mit Gitarren«, *Blur* sei nichts weiter als »*The Kinks* für Studenten und verwirrte Mädchen aus Epson, die Damon Albarn fälschlicherweise für sexy« hielten. Und der ganze Rest des Britpop sei »kaum mehr als eine kommerzielle Fußnote zu *The Smiths*«. Es ist zu befürchten, dass er damit Recht hat.

Seitdem 1988 mit *Viva Hate* das erste Soloalbum Morrisseys erschien, arbeitet er nun mit wechselndem Erfolg allein als Singer-Songwriter, wird aber von seinen zahlreichen Fans weltweit kultisch verehrt. Mittlerweile ist Morrissey 50 Jahre alt, und seine charakteristische Haartolle ist grau geworden. Wie zahlreiche andere historische Dandys lebt er im Exil. Man munkelt, dass er sich nach vielen Jahren in Kalifornien nun in einem Hotel in Rom für einen längeren Aufenthalt niedergelassen hat. Sicher ist, dass er sichtlich zugelegt hat, was ihn aber nicht davon abhält, sich auf der Bühne zu entblößen. »Das Alter sollte einem nichts anhaben. Man ist entweder außergewöhnlich oder langweilig – unabhängig vom Alter.«

Morrisseys Idole sind zahlreich und ihre Auflistung liest sich wie eine Enzyklopädie von dandyistischem Stil und Glamour. Sie alle stehen für einen Lebensstil, den er selbst wie nur wenige seit vielen Jahren verkörpert. So ist er ein großer Bewunderer von James Dean, Jean Cocteau, Marc Bolan, David Bowie, Andy Warhol, den *New York Dolls* und etlichen anderen Ikonen aus Popmusik, Kunst und Kultur. Unerreicht aber bleibt seine nahezu kultische

Poet, Outlaw und Märtyrer der Popmusik: Selbst auf der Bühne versteht es Morrissey, bekannte Posen ganz im Sinne seines Image umzudeuten.

»Ich halte daran fest, dass, wenn etwas mit deinen Haaren nicht stimmt, etwas mit deinem gesamten Leben nicht stimmt.«

Verehrung von Oscar Wilde, dessen Werk er zum ersten Mal im Alter von acht Jahren begegnete. Und natürlich war es seine Mutter, die Bibliothekarin, die ihn dazu brachte, sich dem literarischen Dandy par excellence zu nähern. Es war Liebe auf den ersten Blick und der Beginn einer tiefen Leidenschaft. Vielleicht der einzigen, die Morrissey jemals hatte. Vor allem hält dieses Gefühl bis heute an. Je älter er werde, so sagte Morrissey vor einigen Jahren in einem Interview, desto intensiver werde diese Liebesbeziehung zu dem Dichter. »Ich bin niemals ohne ihn unterwegs«, sagt Morrissey und meint die Werke, vor allem aber den Geist Oscar Wildes.

Bezüge zu Wilde, Zitate und Querverweise finden sich in etlichen Songtexten von *The Smiths* und Morrissey wie etwa bei *Cemetary Gates, Oscillate Wildly, Paint a Vulgar Picture, I'm Throwing My Arms Around Paris* und vielen anderen. Noch während des Bestehens der *Smiths* ließ sich Morissey inmitten all seiner Bücher von und über Oscar Wilde fotografieren, schmückte die Bühne bei Konzerten als Hommage an sein Vorbild mit Gladiolen und Narzissen, trug T-Shirts mit dem Konterfei des Dichters und hat sich in unzähligen Interviews immer wieder zu seiner großen Liebe zu Wilde geäußert.

Doch Morrissey ist stets mehr als nur ein Abbild des von ihm verehrten Dichters. Bei aller Verbundenheit mit Wilde war der Sänger klug genug, aus den Fehlern seines großen Vorbildes zu lernen und sich dabei – weitaus mehr als der Dichter selbst – an dandyistischen Idealen zu orientieren. Obwohl Morrisseys Werk wie kaum ein anderes in der Popmusik von Liebe, Zurückweisung und unerfüllten Sehnsüchten handelt und ihn als einen der letzten wirklichen Romantiker der Popmusik erscheinen lässt, ist sein Liebes- und Sexualleben bis heute ein Geheimnis. Zwar gab und gibt es seit Beginn seiner Karriere Gerüchte und Mutmaßungen um seine angebliche Homo- oder Bisexualität, doch Beziehungen, so bekannte er einst in einem Interview, kommen für ihn nicht in Frage. Zudem streute er immer wieder Gerüchte, er lebe in einer Art Zölibat, welches sich freilich eher zufällig ergeben habe. Womit er einem wahren Dandy wie Jean des Esseintes aus Joris-Karl Huysmans' großem Roman *Gegen den Strich* wesentlich ähnlicher ist als dem Lebemann und tragischen Liebenden Oscar Wilde.

Ob dies nun lediglich ein Teil der gigantischen Selbstinszenierung des Steven Patrick Morrissey als größter Dandy und (Anti-)Held der britischen Popgeschichte ist oder tatsächlich seinem widersprüchlichen und höchst komplexen Wesen entspricht, sei dahingestellt. Dass er keine Beziehungen führe, so bekannte er 1990 in einem Interview, hänge damit zusammen, dass er sich stets von Männern und Frauen angezogen fühle, die seine Gefühle nicht

»Das einzige Mal, dass die britische Presse mich lobend erwähnen wird, ist dann, wenn ich sterbe.«

»Nichts zu tun
bereitet mir großes
Vergnügen. Und
glauben Sie es mir:
Es gelingt mir
wunderbar.«

erwiderten. Und umgekehrt sei es genauso. Und die wirklich große Liebesgeschichte seines Lebens, so mag man hinzufügen, ist die bedingungslose Hingabe zu einem Dichter, der seit mehr als hundert Jahren tot ist. Welch ein Drama für ihn – und welch ein Glück für die Popmusik.

Die »German Connection«

»Eine Dame habe einen Menschen ins Wasser fallen sehen und den sie begleitenden Dandy, einen bekannten guten Schwimmer, inständig gebeten, dem Unglücklichen zu Hilfe zu eilen. Ihr Freund [...] schaute ernsthaft auf den Ertrinkenden [...] und erwiderte dann, sich ruhig an seine Gefährtin wendend: ›Unmöglich, meine Dame, ich wurde diesem Gentleman niemals vorgestellt.‹«

Hermann Fürst von Pückler-Muskau: *Briefe eines Verstorbenen, 1830/31*

»Er war der funkelnde Saphir der grauen Dynastie und die Deutsche Mark noch hart wie Krupp-Stahl.«

Michael Graeter über Arndt von Bohlen und Halbach

Hermann Fürst von Pückler-Muskau
Ein deutscher Dandy

Obgleich er dem Dandy-tum britischer Prägung bisweilen spöttisch gegen-überstand, gleicht sich »der grüne Fürst« den Vorbildern aus England weitgehend an.

Dass das Dandytum zu Beginn in Deutschland nicht Fuß fassen kann, liegt weniger an der mangelnden Exzentrik der Deutschen, sondern vor allem an der politischen Ordnung. Zu Beginn des 19. Jahrhunderts ist Deutschland ein Flickenteppich aus vielen hundert Kleinstaaten, die weitgehend unabhängig voneinander existieren. Das Dandytum blüht jedoch vor allem in Ländern, die zentralistisch organisiert sind und in denen ein Königshof die Grundlage schafft, auf der Exzentrik und verfeinerte Lebensart überhaupt erst entstehen können.

In Deutschland fehlte es genau daran. So ist es kein Wunder, dass hier während des 19. Jahrhunderts kaum Dandys in Erscheinung treten – mit einer Ausnahme: Hermann Fürst von Pückler-Muskau, der im Jahre 1785 geborene Erbe der größten deutschen Standesherrschaft. Gepeinigt von seiner exzentrischen Mutter und seinem ebenso strengen wie mürrischen Vater, die ihn wie eine ungeliebte Puppe behandeln, wird er im Alter von sieben Jahren der strengen Obhut der Herrnhuter in Uyhst überantwortet und später von Lehranstalt zu Lehranstalt herumgereicht. Nach einem wegen ausgeprägter Verschwendungssucht frühzeitig abgebrochenen Jurastudium flüchtet Pückler vor seinen Gläubigern und schlägt, seinem erzürnten Vater zum Trotz, eine militärische Laufbahn ein. Außerdem reist der junge Dandy, immer auf der Suche nach Abenteuern und Zerstreuung, viel herum, bis er nach dem überraschenden Tod seines Vaters im Jahr 1811 die riesigen Ländereien erbt.

Doch anstatt sich seinen Besitztümern zu widmen, zieht der bereits zu Jugendzeiten reichlich exzentrische junge Graf lieber in den Krieg gegen Napoleon und unternimmt anschließend eine ausgedehnte Lustreise durch England. Dort entdeckt Pückler die Schönheit der englischen Parks – eine Faszination, die ihn sein Leben lang begleiten wird und die in ihm den Wunsch erweckt, ein anerkannter Gartenkünstler zu werden. Und noch etwas faszi-niert ihn auf der Insel: die Lebensweise und Exzentrik des britischen Hoch-adels, das verschwenderische und süße Leben der *beaus, elegants* und *dandys,* deren Moden und Sitten er mit zurück nach Deutschland nimmt. Sehr zum

Hermann Fürst von Pückler-Muskau 83

Entsetzen seines Freundes, des Dichters Leopold Scheffler, der während Pücklers Teilnahme an den Feldzügen gegen Napoleon und der England-Reise die Verwaltung der Güter übernommen hat. Bald schon zeigt sich, dass die Sorgen des Verwalters nicht unbegründet sind: Der Freund ist nach wie vor der geborene Verschwender, der lieber mit einer prächtig geschmückten, von vier zahmen Hirschen gezogenen Kutsche durch Berlin fährt, statt sich um die klamme finanzielle Lage der Besitzungen zu kümmern.

1817 heiratet Pückler die neun Jahre ältere und geschiedene Lucie von Hardenberg, die eine gewaltige Mitgift sowie zwei liebreizende Töchter in die Ehe mit einbringt. Letztere sind für den feurigen Verführer Pückler mindestens ebenso attraktiv wie die Barschaft seiner Gattin. Lucie aber weiß um die Gelüste ihres neuen Gatten und bringt die beiden schnellstens unter die Haube und so-mit außer Reichweite. Trotz des Altersunterschiedes und Pücklers zahlreicher erotischer Eskapaden verbindet die beiden eine lebenslange Freundschaft voller Zärtlichkeit und Vertrauen.

Als sich Pückler dennoch im Jahre 1826 von Lucie von Hardenberg scheiden lässt, ist dies vor allem der katastrophalen finanziellen Lage der pücklerschen Finanzen geschuldet und nichts weiter als ein perfider Trick. Denn auf der Standesherrschaft liegt eine drückende Schuldenlast von 500.000 Talern, und die Aussichten, sich aus dieser misslichen Lage auf legalem Wege zu befreien, sind gleich null. Bis Lucie auf eine ebenso ungewöhnliche wie diffizile Lösung ver-fällt: Ihr Mann muss nach erfolgter Scheidung heiraten – und zwar möglichst reich. Mit der auf diese Weise erworbenen Mitgift könne man anschließend das Gut Muskau erhalten. Und mit der neuen Gattin des Fürsten, so die Hoffnung der beiden Verschwörer, werde man sich schon arrangieren.

Nach vollzogener Scheidung eilt der Fürst nach England, um sich dort nach einer möglichst reichen Braut umzuschauen. Dank seines 1822 verliehenen Fürsten-Titels öffnen sich ihm die herrlichen Gartenanlagen und die Türen der feinen Salons fast wie von selbst. Mehr noch: »Prince Pickle«, wie ihn die Engländer nennen, verfällt nun mehr noch als 14 Jahre zuvor dem süßen und verschwenderischen Leben der Dandys und setzt alles daran, seine eigene Lebensweise in dieser Hinsicht zu vervollkommnen.

Fasziniert von den *beaus* und *elegants* der damaligen Zeit berichtet er ins heimatliche Muskau: »Als ein Beispiel, was ein *dandy* alles bedarf, teile ich Dir folgende Auskunft meiner fashionablen Wäscherin mit, die von einigen der ausgezeichnetsten *elegants* employiert wird und allen Halstüchern die rechte

Auch bei der Wahl seiner Fuhrwerke schätzte Hermann Fürst von Pückler-Muskau den extravaganten Auftritt – seine Kutsche, die von einem Hirsch-Gespann gezogen wurde, versetzte ganz Berlin in Staunen.

»*Wenn Pückler in einen Raum kam, war er sofort Mittelpunkt, nicht weil er ›Fürst‹ war, sondern weil er ›Pückler‹ war.*« Theodor Fontane

Steife und Busenstreifen die rechten Falten zu geben vermag. Also in der Regel braucht ein solcher *elegant* wöchentlich 20 Hemden, 24 Schnupftücher, 9–10 Sommer-trousers, 30 Halstücher, wenn er nicht schwarze trägt, ein Dutzend Westen und Strümpfe à la discretion.« Weiter führt er aus: »Ich sehe Deine hausfrauliche Seele von hier versteinert. Da aber ein *dandy* ohne drei bis vier Toiletten täglich nicht füglich auskommen kann, so ist die Sache sehr natürlich, denn 1. Erscheint er in der Frühstücks-Toilette im chinesischen Schlafrock und indischen Pantoffeln. 2. Morgentoilette zum Reiten im frock-coat, Stiefeln und Sporen. 3. Toilette zum dinner, in Frack und Schuhen. 4. Balltoilette in pumps, ein Wort, das Schuhe, so leicht wie Papier, bedeutet, welche täglich frisch lackiert werden.«

Doch trotz allen Aufwandes und gesellschaftlichen Erfolgs von »Prince Pickle« wird das »Unternehmen Brautschau« ein grandioser Misserfolg. Was

»*Kunst ist das Höchste und Edelste im Leben, denn es ist Schaffen zum Nutzen der Menschheit. Nach Kräften habe ich dies mein langes Leben hindurch im Reiche der Natur geübt.*«

auch daran liegt, dass der Fürst hohe Anforderungen an die in Frage kommenden Damen stellt und manche der Auserwählten sich ungebührlich ziert. So scheitert eine Alliance daran, dass die Dame dem Fürst als »zu gewöhnlich« erscheint. Eine andere, reizvollere lehnt ihrerseits eine Heirat ab, da der Fürst nicht wegen Ehebruchs von seiner Gattin geschieden worden sei. Zur damaligen Zeit gilt eheliche Untreue in England als einzig möglicher Scheidungsgrund, doch der Fürst ist offensichtlich nicht willens, in dieser delikaten Angelegenheit noch mehr zu lügen als unbedingt nötig. So schreibt er an die daheimgebliebene Ex-Gattin in einem seiner Briefe: »Der Himmel gebe nur endlich ein Wild, dass der Mühe wert ist, und ist es kein Edelhirsch, so müssen wir uns mit einem Häschen begnügen – den Hunger zu stillen.« Wobei es zum großen Vergnügen der Journalisten während der ausgedehnten Brautschau des Fürsten an erotischen Abenteuern mit verschiedenen »Häschen« nicht mangelt.

Als der Fürst im Jahre 1829 enttäuscht nach Muskau zurückkehrt, wartet dort jedoch eine faustdicke Überraschung auf ihn: Seine umfangreichen Briefe, die er seiner »Schnucke« von seinen Reisen durch England, Wales und Irland schrieb, stehen dank seiner Frau und des Berliner Schriftstellers Karl

August Varnhagen von Ense kurz vor der Veröffentlichung, nachdem die deftigsten erotischen Abenteuer des Heiratsschwindlers getilgt worden sind. 1830/31 erscheinen die *Briefe eines Verstorbenen* schließlich in einem Münchner Verlag, und obwohl der Verfasser des Buches nicht genannt wird, weiß bald ganz Deutschland, um wen es sich bei diesem »Verstorbenen« handelt.

Mit seinen *Briefen eines Verstorbenen* avanciert der Fürst zu einem der meistgelesenen Schriftsteller des gesamten 19. Jahrhunderts; seine Einnahmen übertreffen bei weitem die, die Geheimrat Goethe für sein gesamtes Werk erhalten hat. Was den Weimarer Dichterfürsten aber nicht davon abhält, eine äußerst wohlwollende Rezension der in vier Bänden erschienenen Briefe zu verfassen. Der schriftstellerische Erfolg über Nacht kommt Pückler-Muskau und seiner »Schnucke« mehr als gelegen, die reichlich fließenden Tantiemen machen die missglückten Heiratspläne schlichtweg überflüssig und ermöglichen ein sorgenfreies Leben. Zumindest so lange, bis Pückler mit seiner exzentrische Lebensführung, seiner umfangreichen Parkanlage und ausgedehnten Reisen nach Algerien, Tunesien, Ägypten, in den Sudan, nach Konstantinopel und nach Griechenland auch dieses Vermögen durchgebracht hat.

Von einer seiner Reisen bringt er die blutjunge Machuba mit nach Europa, ein dunkelhäutiges Mädchen aus Äthiopien, das ihm auf seiner langen Reise Gesellschaft leistet. Diese junge Frau, die er in Kairo auf einem Sklavenmarkt kauft, erweist sich als äußerst begabt und charmant. Rasch lernt sie reiten und schießen, beherrscht binnen kurzer Zeit die italienische Sprache und entzückt die feine Gesellschaft Wiens, wo die beiden nach der Rückkehr zunächst residieren, durch ihr natürliches Wesen und ihren Charme. Doch Machuba verträgt das kalte Klima Europas nicht, sie erkrankt und verstirbt 1840 in Muskau, während ihr Geliebter am Krankenbett seiner Ex-Frau Lucie in Berlin weilt.

Fünf Jahre später muss der »tolle Pückler«, wie ihn alle Welt nennt, sein geliebtes Gut Muskau aufgrund drückender Schulden verkaufen, er siedelt in Begleitung seiner geschiedenen Frau Lucie um nach Schloss Branitz bei Cottbus, wo er 1871 im Alter von 85 Jahren stirbt.

Formvollendeter Dandy und hinterlistiger Heiratsschwindler, erfolgreicher Bestsellerautor, wagemutiger Abenteurer, hingebungsvoller Verschwender, leidenschaftlicher Playboy und kunstsinniger Landschaftsarchitekt – ohne Zweifel ist Hermann von Pückler-Muskau eine der faszinierendsten Persönlichkeiten des 19. Jahrhunderts und ein wahrer Bonvivant, der das Leben, die Liebe und die Kunst in vollen Zügen genoss.

Heiratsschwindler, Dandy, Bestseller-Autor, Landschaftsarchitekt und Abenteurer: Das Leben des Hermann Fürst von Pückler-Muskau bietet genug Stoff für einen Roman und ist eine der ungewöhnlichsten Karrieren des 19. Jahrhunderts.

»Wer mich ganz kennenlernen will, muss meinen Garten kennen, denn mein Garten ist mein Herz.«

Arndt von Bohlen und Halbach
Ein beinahe perfekter Playboy

Schon in jungen Jahren zeigte sich, dass Arndt von Bohlen und Halbach nicht dafür geschaffen war, das Familienunternehmen Krupp durch die schwierigen Zeiten zu führen – er war schlichtweg zu weich und sensibel für das knallharte Stahlgeschäft.

Die Zeilen, die das Salzburger Großereignis des Frühjahrs 1969 ankündigen, klingen beinahe wie aus der seligen Zeit der Doppelmonarchie, von der man an der Salzach ohnehin noch ein wenig mehr spürt als anderswo in Österreich: »Arndt von Bohlen und Halbach gibt geziemend Nachricht von seiner bevorstehenden Vermählung mit Henriette Prinzessin von Auersperg, Tochter des Alois Prinz von Auersperg und seiner Gemahlin Henriette Prinzessin von Auersperg geb. Gräfin Larisch von Mönnich.« Die Vermählung des einzigen Sohnes der Industriellenfamilie Krupp mit einer Prinzessin aus uraltem Adelsgeschlecht ist die Traumhochzeit der feinen Gesellschaft und eine echte Mediensensation, die selbst den Blitzlichtgewitter erprobten Stardirigenten Herbert von Karajan in die Flucht schlägt. Als dieser erfährt, wer da im Hotel »Goldener Hirsch« in der Salzburger Getreidegasse seine Vermählung feiert, verlässt von Karajan die Nobelherberge – wohl wissend, dass hier an Ruhe für die bevorstehenden Proben zu den Salzburger Osterfestspielen nicht mehr zu denken ist.

Die Flucht des Maestros ist durchaus verständlich. Der Bräutigam Arndt von Bohlen und Halbach genießt in jenen Tagen einen denkbar zweifelhaften Ruf: Neben Gunter Sachs gilt der junge Mann als einziger deutscher Playboy und wahrhaftiger Partylöwe. Seine Feste in Saint-Tropez und anderswo sind ebenso berühmt wie berüchtigt. Im Gegensatz zu manch anderem aus dem Kreis des internationalen Jetsets verfügt er – zumindest auf dem Papier – über ein Vermögen, das solch einen luxuriösen Lebenswandel durchaus zulässt. Doch es sind nicht die zahlreichen Berichte über ausschweifende Partys und Anekdoten über extravagante Eskapaden allein, die das Medieninteresse erklären, sondern vor allem eine pikante Fußnote. *Tout le monde* weiß, dass der Bräutigam, der hier in den Stand der Ehe treten will, ausschließlich dem eigenen Geschlecht zugeneigt ist. Und nun diese Ankündigung? Ist dies alles eine Farce, eine Inszenierung für die Öffentlichkeit? Und wer ist dieser junge Mann überhaupt, dem die Boulevard-Blätter der Bundesrepublik so viel Platz in ihren Klatschspalten einräumen?

Arndt von Bohlen und Halbach   89

Der traurige Harlekin:
Trotz seines Reichtums
umgab Arndt von Bohlen
und Halbach immer ein
deutlicher Zug des
Melancholischen und
vermittelte so eine
Ahnung davon, dass
dieser Mann ein zutiefst
unglückliches Leben
führte.

Der 1938 in Berlin-Charlottenburg geborene Arndt ist der einzige Sohn des Konzernlenkers Alfried Krupp von Bohlen und Halbach sowie von dessen Frau Anneliese, geborene Bahr, geschiedene Lampert, und der designierte Kronprinz der Essener Stahldynastie. Auf massiven Druck von Alfrieds Mutter Bertha, die die Verbindung mit einer geschiedenen Frau missbilligt, wird die 1937 geschlossene Ehe bereits 1941 wieder geschieden. Die restlichen Kriegsjahre verbringt der Knabe bei seiner Mutter, der er zeit seines Lebens zugeneigt bleibt. Doch dann ruft die große Aufgabe – die Vorbereitung auf das schwere Erbe als zukünftiger Vorsitzender des Krupp-Direktoriums und Alleininhaber des Stahlkonzerns. Es zeichnet sich schnell ab, dass der weiche Arndt nicht so recht nach den Vorstellungen seines kühlen Vaters geraten ist, der nach Kriegsende wegen »Sklavenarbeit« und »Ausplünderung von Wirtschaftsgütern« bis 1951 im Kriegsverbrechergefängnis Landsberg inhaftiert war.

Alfried schickt Arndt von Internat zu Internat, um ihn auf die kommenden Verpflichtungen vorzubereiten; sein Vater wünscht, der zarte Arndt solle hart werden – so wie die Erzeugnisse aus den Stahlwerken des Unternehmens. Doch der junge Mann mit dem schönen Gesicht und den unverkennbar weichen, beinahe femininen Zügen denkt nicht daran, sich für eine Familie zu verbiegen, die ihm nichts bedeutet und die ihn und seine Mutter ablehnt. Nach seiner Schullaufbahn, die er im Schweizer Internat Lyceum

> *»Bis auf das Beuteschema war*
> *Bohlen ein perfekter Playboy mit blendenden*
> *Manieren und Allüren.«* Michael Graeter

Alpinum in Zuoz beschließt, folgen mehrere Praktika im väterlichen Unternehmen, und auf Geheiß des Vaters studiert er Jura sowie Volks- und Betriebswirtschaft. Vor allem aber genießt der zukünftige Erbe das süße Leben, umgibt sich mit einem Hofstaat von männlichen Geliebten und Schmarotzern und wirft das Geld zum Fenster hinaus. Gerade so, als wolle er seinem gestrengen Vater und dessen rechter Hand Berthold Beitz auf drastische Weise verdeutlichen, dass mit ihm nicht zu rechnen sei.

Als die Krupp-Werke 1966 in eine bedrohliche finanzielle Schieflage geraten, beschließen Alfried und sein Generalbevollmächtigter Berthold Beitz, das Familienvermögen in eine Stiftung zu überführen, um so eine Übernahme des Unternehmens zu verhindern. Allerdings kann dies nur geschehen, wenn Arndt auf sein Erbe verzichtet – schließlich stehen dem einzigen Sohn Alfrieds von Rechts wegen zwischen 2,5 und 3,5 Milliarden D-Mark zu. In einer Nacht-und-Nebel-Aktion gelingt Beitz die Überzeugungsarbeit – was wohl auch daran liegen mag, dass beide Seiten genau wissen, dass Arndt in keiner Weise dafür geeignet ist, den Konzern durch unruhige Zeiten zu lenken. Der Lohn für den Erbverzicht, der auch den Verzicht auf den Familiennamen Krupp beinhaltet, ist eine Apanage von rund zwei Millionen D-Mark pro Jahr, über die Arndt frei verfügen kann.

Arndt von Bohlen und Halbach wirkt nun wie befreit von dem Druck der Erwartungen durch seinen Vater, der ein Jahr nach dem Erbverzicht stirbt. Die ihm zustehenden jährlichen Zahlungen aber – im Vergleich zu dem Erbe, das ihm entgangen ist, eine nahezu lächerliche Summe – reichen für den Verschwender und Bonvivant hinten und vorne nicht aus, zumal das Finanzamt die im »Mehlemer Vertrag« mit Krupp zugesicherte Steuerfreiheit bestreitet. Der leicht beeinflussbare Arndt kann seinen zahlreichen Günstlingen und Geliebten kaum einen Wunsch abschlagen – schließlich hat er von Kindesbeinen an erfahren, wie leicht man sich Zuneigung und Freundschaft erkaufen kann. Zudem hat er ein gutes Herz und spendet Hunderttausende für mildtätige Zwecke insbesondere in Thailand, das er seit Beginn der 1960er Jahre kennt und liebt. Der Rest seiner Apanage geht für das süße Leben drauf. So unterhält er zahlreiche noble Anwesen, beschäftigt rund 70 Angestellte und lässt sich Luxusyachten bauen, die die Boote früherer Krupps in den Schatten stellen. Zumindest auf diesem Gebiet will er sich als wahrer Angehöriger einer Familie erweisen, deren Namen er nicht mehr tragen darf.

Mit seiner Heirat kehrt eine Ruhe und Stabilität in Arndts Leben ein, die er bislang nicht kennt. Ob auf dem Anwesen »Bled Targui« in Marrakesch oder auf Schloss Blühnbach bei Werfen im Salzburger Land – das seltsame

Paar wird dank Henriettes Geschick zum Mittelpunkt des internationalen Jetset-Lebens, die Zahl der Schmarotzer und halbseidenen Lebemänner jedoch nimmt unter »Hettys« Regie deutlich ab. Stattdessen trifft man auf ihren Partys Yves Saint-Laurent ebenso an wie Prinzessin Soraya, Anthony Quinn und Jean-Paul Belmondo.

Etliche Briefe belegen, mit welch ausgesuchtem und beinahe kindlichem Respekt Arndt seine Gattin behandelt, wie er immer wieder um ihre Zuneigung fleht. So schreibt er ihr 1971: »Du gibst mir so viel Schönes im Leben, daß ich Dir im voraus dafür danken möchte. Denke an UNS, wie ich es tue, und verzweifele niemals – so schwach ich erscheinen mag. Bitte versuche zu verstehen, daß Du einen etwas schwierigen Menschen geheiratet hast, und bleibe bei mir, der Dich liebt und verehrt«.

Angeblich, so gibt Henriette von Auersperg später zu Protokoll, habe das Paar auch über eigene Kinder nachgedacht: »Wir haben es versucht, es ist nicht gewesen«, so wird sie zitiert. Ob dies allerdings den Realitäten dieser denkwürdigen Verbindung entspricht oder vielmehr dem Wunsch entspringt, im Nachhinein den Anschein einer normalen Ehe zu wahren, ist fraglich.

Trotz aller Zuneigung ist die »Vernunftehe« nicht für die Ewigkeit geschaffen: Ab Mitte der 1970er Jahre verbringt Arndt viel Zeit auf seiner luxuriösen Yacht Antinous II. – benannt nach dem Geliebten des römischen Kaisers Hadrian –, ergibt sich dort dem süßen Leben und häufig genug dem Suff. Begleitet von seinem thailändischen Geliebten Joy und seinem Sekretär Prinz Ruppi zu Hohenlohe, dessen stets zu enge Hosen für einiges Aufsehen sorgen, wird Arndt bald wieder zum strahlenden und meist reichlich extravagant gekleideten Mittelpunkt der Bussi-Gesellschaft. Die schrillen Auftritte können aber nicht darüber hinwegtäuschen, dass Arndt im Grund seines Herzens ein zutiefst unsicherer und einsamer Mensch ist.

»*Das hat mir
gerade noch gefehlt.*«
Arndts Antwort auf die Frage,
ob er einmal zu arbeiten gedenke.

> *»Es ist der Fluch des Geldes.«*
> Tagebucheintrag von
> Arndt von Bohlen und Halbach
> im Alter von 16 Jahren

Die zahlreichen Schönheitsoperationen und Arndts bisweilen exzessiver Missbrauch von Alkohol und Drogen hinterlassen sichtbare Spuren und zerfressen den Träumer buchstäblich von innen her. »Der letzte Krupp«, wie er sich selbst nennt, erkrankt an Mundbodenkrebs und stirbt am 8. Mai 1986 in München. Wenige Monate zuvor hatte er sich, von der Krankheit bereits sichtlich gezeichnet, in einer pompösen Zeremonie auf Schloss Blühnau zum Ritter schlagen lassen – der krönende Abschluss eines Lebens, das manchmal fatal an die Fantasiewelten des bayerischen Märchenkönigs Ludwig II. erinnert.

»Bis auf das Beuteschema«, schreibt der Klatschkolumnist Michael Graeter anlässlich der Ausstrahlung eines Fernsehmehrteilers über die Stahldynastie in der Münchner *Abendzeitung*, sei er »ein perfekter Playboy« gewesen »mit blendenden Manieren und Allüren«. Doch Arndt von Bohlen und Halbach allein auf sein Image oder seine Homosexualität zu reduzieren, erscheint rückblickend als wenig angemessen. Seine Mildtätigkeit und seine Verletzlichkeit passen nicht so recht in das Image eines wahren Playboys, sondern halten dem Klischee des virilen Schürzenjägers und reichen Tunichtguts den Spiegel vor. Das traurige Leben Arndts, es zeigt vor allem die Schattenseiten dieses Daseins.

Von Glamour und Playboys: Der virile Nachkomme der Dandys

»Denn der Playboy, wie ich ihn sehe, ist Spielzeug aus Träumen gemacht. [...] Um ihn sind Leichtsinn, Heiterkeit, Luxus und ein Hauch von gutem Geschmack. Die paar Tränen, die er anrichtet, lächelt er zurückwinkend schon wieder fort.«

Cornelia Herstatt: *Playboys sind sehr dünn gesät*, 1965

Largo: »Verstehen Sie etwas von Waffen, Mr. Bond?« James Bond: »Nein, aber etwas von Frauen.«

Aus: *Feuerball*, 1965

»Eine Gefahr, die man ausrotten sollte«: Porfirio Rubirosa erhielt den Spitznamen »Monsieur Toujours Prêt« (»der Allzeitbereite«) und machte seinem Ruf alle Ehre – zum Leidwesen zahlreicher Ehemänner.

Porfirio Rubirosa
Der König der Playboys

Das glamouröse Leben des angeblich größten Playboys aller Zeiten fand am frühen Morgen des 5. Juli 1965 in Paris ein jähes Ende: Nach einer rauschenden Feier zum Sieg seines Polo-Teams beim »Coup de France« setzt sich Porfirio Rubirosa – schon reichlich angetrunken – gegen den Widerstand des Barkeepers ans Steuer seines Cabriolets, ein Ferrari 250 GT, und macht sich auf den Heimweg. Auf der Avenue de la Reine Marguerite, die durch den Bois de Boulogne führt, verliert der versierte Rennfahrer die Kontrolle über seinen Sportwagen und setzt den Ferrari bei hoher Geschwindigkeit frontal gegen einen der Alleebäume. Rubirosa ist sofort tot, er stirbt im Alter von 56 Jahren.

Doch wer ist dieser Mann mit dem exotischen Namen, der stets an erster Stelle genannt wird, wenn es um legendäre Verführer und Verschwender geht? Und der doch allenfalls Eingeweihten und Kennern des internationalen Jetsets ein Begriff sein dürfte? Wie wird man innerhalb des erlauchten Kreises bekannter Playboys wie Gunter Sachs, Ali Khan, Errol Flynn und Arndt von Bohlen und Halbach zu einem Mythos?

Im Gegensatz zu den anderen Playboys seiner Zeit ist der 1909 in der Dominikanischen Republik geborene Porfirio Rubirosa Ariza von Hause aus weder begütert noch von adeliger Herkunft. Er ist weder Schauspieler noch Musiker, sondern verdankt seine Prominenz allein seiner zweifelhaften Reputation als maßloser Verschwender und schillernder Verführer. So bleibt bis zum heutigen Tag das Geheimnis seines Erfolgs mysteriös, vermutet man hinter der endlos langen Liste seiner Eroberungen beeindruckende Manneskraft oder einfach nur ein gehöriges Maß an Skrupellosigkeit. Vermutlich treffen beide Einschätzungen zu – und reichen doch nicht aus, um das Geheimnis seines Rufs zu ergründen.

Neben seinem gepflegten Äußeren, seinem exotischen Charme, seiner Vielsprachigkeit und seinem unbändigen Selbstbewusstsein hat der »König der Playboys« zeit seines Lebens immer wieder eines – enorm viel Glück. Was sich zum ersten Mal zeigt, als Rubirosa nach dem Ende seines Studiums in Paris der Leibgarde des dominikanischen Diktators General Trujillo beitritt

*Am Ende seiner bewegten
Laufbahn als Liebhaber
und Playboy heiratete
Rubirosa die Schauspiele-
rin Odile Rodin. Die
war zwar nicht reich,
aber wesentlich jünger als
der »Kariben-Casanova«.*

und nach einem Rendezvous mit dessen minderjähriger Tochter Flor de Oro beinahe vor einem Erschießungskommando gelandet wäre. Nur der unbefristete Hungerstreik der Tochter des Diktators bewahrt ihn vor dem sicheren Tod – und bringt ihm stattdessen die Hand Flors sowie eine Anstellung im diplomatischen Dienst in Frankreich ein. Die Ehe hält nur bis 1937, doch das Glück ist von nun an sein ständiger Begleiter. Und Glück ist in jenen Jahren vor und während des Zweiten Weltkrieges wahrlich etwas, das ein Abenteurer vom Schlage Rubirosas gut gebrauchen kann.

Zweimal wird er, der weiterhin für sein Land in diplomatischer Mission tätig ist, von der Gestapo inhaftiert. Beide Male kommt er ungeschoren davon, obwohl er als Diplomat des auf Seiten der Alliierten stehenden Diktators Trujillo auch noch einen Gestapo-Mann mit einem Fausthieb niedergestreckt hat. Unnötig ist es, dabei zu erwähnen, dass es bei dieser Episode um eine Frau geht: »Die schönste Schauspielerin Frankreichs«, Danielle Darrieux, ist der Grund für diese handfeste Auseinandersetzung. Wie meist bei Herzens-

> *»Die meisten Männer wünschen sich nichts sehnlicher, als Vermögen zu verdienen, ich will nur Vermögen ausgeben.«*

angelegenheiten trägt Rubirosa den Sieg davon. Die beiden heiraten 1942 und führen dank Darrieux' Erfolgen als Schauspielerin ein ebenso leidenschaftliches wie komfortables Leben.

Bis das »Unheil« in Gestalt einer attraktiven (und schwerreichen) amerikanischen Journalistin auftritt. Doris Duke, von der Presse als »richest woman in the world« bezeichnet, ist die Erbin des Riesenvermögens von Duke Tobaccos Inc. und trifft den Playboy zu einem Interview. Was folgt, ist die Scheidung Rubirosas und seine mittlerweile dritte Ehe, die lediglich 13 Monate hält. Auf Doris Duke folgt Barbara Hutton, die Erbin des enormen Woolworth-Vermögens, die bis zur Eheschließung mit Rubirosa 1953 selbst schon vier Ehen hinter sich hatte. Doch auch diese ist nur von kurzer Dauer; bereits nach zwei Monaten ist das Verhältnis zwischen dem Schürzenjäger und der hochneurotischen Millionenerbin zutiefst zerrüttet, eineinhalb Jahre später wird die Ehe offiziell geschieden und macht aus dem Teilzeit-Diplomaten einen vermögenden Mann, der frei von den Niedrigkeiten des Erwerbslebens ist.

Spätestens mit der Trennung von Danielle Darrieux, Rubirosas großer Liebe, werden seine Affären und Amouren berechnender und zynischer, scheint er sich mehr und mehr in der Rolle des leichtsinnigen und flatterhaften Playboys wohlzufühlen. Seine Lebensführung und sein zweifelhafter Ruf, der ihm vorauseilte, werden zunehmend deckungsgleich. Seine Verschwendungssucht, die Jagd nach immer neuen amourösen Abenteuern und die rastlose Suche nach einem möglichst angenehmen Zeitvertreib – sie bestimmen nun sein Leben, in dem für Arbeit kein Platz mehr ist. »Arbeiten Sie jemals?«, so wird Rubirosa in seinen wildesten Jahren einmal von der Zeitschrift *Newsweek* gefragt. Woraufhin er entgegnet: »Arbeit? Ich habe keine Zeit für Arbeit.«

Stattdessen rast der Bonvivant in seinem Sportwagen über die Pisten des gefürchteten Straßenrennens Carrera Panamericana, nimmt mehrmals am 24-Stunden-Rennen von Le Mans teil, reüssiert als Polo-Spieler und vertreibt sich die Zeit zwischen seinen kurzfristigen diplomatischen Engagements mit kostspieligen Liebhabereien und Reisen zu den exklusiven Treffpunkten der Schönen und der Reichen. Das Geld, das er durch zweifelhafte Geschäfte oder als Zuwendung seiner Liebhaberinnen und Ehefrauen erhält, gibt er mit vollen Händen aus.

Seine eigentliche Leidenschaft aber sind die Frauen, die er umgarnt wie kein Zweiter: »Du hast das Gefühl, dieser Mann durchbricht Wände, reißt Berge nieder und stellt die Welt auf den Kopf, um dich zu erobern. Er ist wild, ungeduldig, mit einem stürmischen Temperament. Aber er legt dir sein Herz zu

Füßen, wenn er dich begehrt, und er begehrt dich ununterbrochen ...«, schwärmt Zsa Zsa Gabor von ihm und macht damit deutlich, warum Rubirosa den süffisanten Spitznamen »Monsieur Toujours Prêt« (»der Allzeitbereite«) erhält.

Neben Zsa Zsa Gabor sollen Dolores del Rio, Ava Gardner, Joan Crawford, Jayne Mansfield, Marilyn Monroe, Susan Hayward, Christina Onassis, La Môme Moineau und sogar Evita Perón den Verführungskünsten des Lebemanns erlegen sein. Wobei die Dunkelziffer der amourösen Abenteuer und Seitensprünge um einiges höher liegt, wie die Deutsche Presse-Agentur in einem Nachruf schreibt: »Inoffiziell spricht man von 235 Lebensgefährtinnen, die (er) ... glücklich gemacht hat.« Die gehörnten Ehemänner sehen das freilich anders. Der Schauspieler George Sanders etwa nennt den Diplomaten bei seiner Scheidung von der Filmdiva Zsa Zsa Gabor »eine Gefahr, die man ausrotten sollte«.

Zwielichtiger Diplomat, vielleicht sogar Spion, erfolgreicher Polo-Spieler, verwegener Rennfahrer, hemmungsloser Schürzenjäger und frivoler Genussmensch: Das bewegte Leben Porfirio Rubirosas bietet genug Stoff für einen großen Spielfilm. Vor allem deswegen, weil der Protagonist dieser wahren Geschichte ein höchst ambivalenter Charakter war. Nach wie vor sind seine Verstrickungen in die Machenschaften General Trujillos höchst undurchsichtig, seine mögliche Verwicklung in Morde an Regimegegnern, seine Verbindungen zur Mafia und seine Rolle während des Zweiten Weltkrieges, als er Visa an flüchtende Juden gegen teures Geld verkauft, mehr als dubios. Vielleicht liegt in dieser Skrupellosigkeit, mit der er seinem Traum von einem Leben als nicht endendem Abenteuer nachjagt, ein Geheimnis seiner Faszination verborgen, erscheint er als eine Mischung aus James Bond und Giacomo Casanova.

Vielleicht ist Rubirosa auch deshalb zu einem Mythos geworden, weil er zur rechten Zeit abtritt. Mit zunehmendem Alter blättert der Lack seiner eleganten Fassade, wird er von den Zeitungen, die früher über jede seiner Affären und jeden seiner Skandale berichtet hatten, belächelt und verspottet. Mancher Journalist hat schon früh geahnt, dass die goldenen Zeiten Rubirosas sich dem Ende zuneigen, dass er neben all dem Glamour, den er verbreitet, auch eine tragische Figur ist: Schon 1953 merkt ein Journalist mit spitzer Feder an, der Charme des »Kariben-Casanovas« sei »abgeschabt wie bei einem alternden Schmierenliebhaber«.

Es ist nicht nur das Alter, das gegen Rubirosa arbeitet, sondern auch der Lauf der Welt. In den nun kommenden Zeiten der sexuellen Revolution und der Emanzipation wirkt er zunehmend wie ein priapistischer Macho, dessen

*»Arbeit?
Ich habe keine Zeit
für Arbeit.«*

»Was machen Sie, wenn Sie eine schöne Frau kennenlernen wollen?«
»Ich bitte sie um eine Verabredung. Wenn sie möchte, sagt sie zu.«
»Hat schon mal eine ›nein‹ gesagt?«
»Seien Sie kein Idiot, junger Mann!«
Aus einem Interview
mit Porfirio Rubirosa

beste Tage gezählt sind. Kurz vor seinem Tod bekennt er in einem Interview freimütig: »Ich möchte nicht als Moralist erscheinen. Aber diese Mädchen von heute, die so unabhängig sind, so frei auch in sexueller Hinsicht, die kann ich nicht billigen. Ich missbillige sie aus geschmacklichen Gründen. Die sexuelle Freiheit bei einer Frau bewirkt, dass man das Interesse an ihr verliert, es zerstört das Geheimnis an ihr.« Bitter klingen diese Worte, beinahe resigniert. Sie zeigen deutlich, dass sich der alternde Playboy sehr wohl bewusst ist, dass sein Ruhm verblasst, sein Charme und seine Verführungskünste nachgelassen haben. Ein notorischer Verführer im Ruhestand – für ihn muss dies eine unerträgliche Vorstellung gewesen sein.

Ob sein Unfalltod nun wirklich auf den übermäßigen Genuss von Champagner zurückzuführen ist oder auf Verbitterung und Lebensüberdruss: Porfirio Rubirosa stirbt genau zur rechten Zeit, um der Nachwelt als größter und vielleicht letzter wahrer Playboy in Erinnerung zu bleiben. Ihm selbst würde diese Form des Gedenkens großes Vergnügen bereiten.

James Bond
Ein Playboy im Auftrag
Ihrer Majestät

»Mein Name ist Bond. James Bond.« Mit diesen Worten stellt sich der Geheimagent des britischen Geheimdienstes MI6 nun bereits seit 1962 seinen Widersachern und vor allem attraktiven Damen vor, die in den Leinwandabenteuern des Doppelnullagenten in großer Zahl seinen Weg kreuzten. Mit bisher 22 Filmen (sofern man die beiden *Casino Royale*-Verfilmungen aus den Jahren 1954 und 1967 sowie Irvin Kershners *Sag niemals Nie* außer Acht lässt) bilden die Abenteuer des Geheimagenten im Dienste Ihrer Majestät die längste und wirtschaftlich erfolgreichste Filmreihe aller Zeiten. Längst ist die Erfindung des britischen Journalisten und Schriftstellers Ian Fleming zu einer popkulturellen Ikone geworden, die überall auf der Welt bekannt ist und geliebt wird. Und das liegt nicht zuletzt an Bonds Abenteuerlust und seinem unglaublichen Glück bei den Frauen – beides Eigenschaften, die ihn zum idealen Playboy machen.

Immer unterwegs, ein gern gesehener Gast in den Nobelorten und Spielcasinos der Welt, mit scheinbar unbegrenzten finanziellen Mitteln, dazu gut aussehend, sportlich und immer perfekt gekleidet, ein allzeit bereiter Liebhaber und unwiderstehlicher Charmeur (häufig genug aus reiner Berechnung), der zugleich Spannung, Abenteuer und Geheimnis ausstrahlt: James Bond ist wahrlich der Inbegriff des unabhängigen und verführerischen Müßiggängers und Hedonisten, der nach den Entbehrungen des Zweiten Weltkrieges und den emsigen Jahren des Wiederaufbaus in Europa zu einer Kult- und Reizfigur wird.

Allerdings hat der Filmheld und Frauenschwarm ein echtes Manko, das nicht so ganz zum Idealbild eines Playboys passen mag: Im Gegensatz zu anderen Vertretern dieser seltenen Gattung ist er dazu gezwungen, den Niedrigkeiten eines Erwerbslebens nachzugehen. Was ihn übrigens mit Porfirio Rubirosa, dem größten real existierenden Playboy aller Zeiten, verbindet, der unbestätigten Gerüchten zufolge neben seiner Tätigkeit als Diplomat auch als Geheimagent arbeitete.

Die Tätigkeit für den MI6 hat allerdings auch ihr Gutes: Neben Reisen zu exotischen Zielen und den Nobelorten der Hautevolee wird Bond von Q stets mit den neuesten technischen Errungenschaften und Erfindungen ausgestattet und fährt rasante Sportwagen, die er sich sonst kaum hätte leisten können. Vom kostenlosen Nervenkitzel ganz zu schweigen, den der Job als Weltenretter und erfolgreicher Verführer mit sich bringt. Das Spesenkonto des Doppelnullagenten sprengt sowieso jede für getreue Staatsdiener sonst übliche Dimension.

Der Blick hinter die Kulissen dieses Mythos ist ebenso ernüchternd wie erhellend. Denn natürlich ist längst nicht alles an James Bond so glamourös, wie es in den Romanen und auf der Leinwand auf den ersten Blick erscheinen mag. Das fängt bereits mit dem vermeintlich markanten Namen an, den 007 trägt. Er habe, so gestand Ian Fleming dem Magazin *The New Yorker*, für seinen Geheimagenten einen möglichst nichtssagenden Namen finden wollen. Und bei der Suche sei er zufällig auf einen amerikanischen Ornithologen namens James Bond gestoßen, dessen Buch *Die Vogelwelt der Karibik* als Standardwerk gilt – was daran lag, dass es bis zum Jahre 1998 das einzige Buch zu diesem sehr speziellen Thema war: »Da kam mir dieses Buch über die Vogelwelt der Karibik in die Hand, und als ich den Namen des Autors las, wusste ich sofort: Das ist es, was ich suche: James Bond – wohl der ödeste und langweiligste Name, der mir jemals untergekommen war.« Trotz dieser Impertinenz beschlossen der wahre James Bond und seine Gattin, dem Autor nicht böse zu sein. 1964 überraschten die beiden den Erfinder des Doppelnullagenten auf dessen Anwesen Goldeneye auf Jamaika, nachdem jener den Namensgeber zum Besuch eingeladen hatte. Es mutet wie eine Entschuldigung an, dass der Vogelkundler bei diesem Anlass einen Bond-Roman geschenkt bekam, versehen mit der Widmung: »To the real James Bond from the thief of his identity.« Und der echte James Bond sollte noch eine weitere Huldigung erfahren – auch wenn er nicht gerade dem Idealtypus des flemingschen Playboys entsprach: In *Stirb an einem anderen Tag* aus dem Jahre 2002 sieht man Pierce Brosnan in der Rolle des James Bond das Buch seines Namensvetters lesen, und im weiteren Verlauf des Films gibt sich 007 gar als Ornithologe aus.

Die realen Vorbilder der Figur des James Bond liegen freilich ganz woanders: Zum einen soll es der britische Marine-Offizier Patrick Dalzel-Job gewesen sein, der während des Zweiten Weltkrieges für die britische Admiralität in Norwegen spionierte. Weitere Inspirationen kamen unter anderem

»*007 auf einer Insel, die bloß von hübschen Mädchen bewohnt wird. Wir werden ihn nicht vor morgen früh wiedersehen.*«

Aus: *Octopussy*, 1983

von Flemings Bruder Peter und einem weiteren Offizier. Und natürlich von Ian Fleming selbst, der früher für den Geheimdienst gearbeitet hatte und der viele seiner eigenen Erfahrungen und Vorlieben in die Figur seines Romanhelden einfließen ließ – unter anderem dessen Passion für schnelle Autos, Wodka Martinis, maßgeschneiderte Anzüge aus der Saville Row, für Golf, Tauchen und etliche andere kostspielige Vergnügungen sowie für schöne und möglichst exotische Frauen.

Pikanterweise begann Fleming just in dem Moment mit seinen Arbeiten an den James-Bond-Romanen, als er 1952 in den Stand der Ehe trat. Vor seiner Heirat mit Anne Rothermere war Fleming ein echter Frauenheld, der zahlreiche Affären hatte und über jede Menge Charme verfügte – zumindest in Sachen Eroberung und Verführung also ein echter Playboy und damit seinem Geschöpf James Bond durchaus ebenbürtig. Doch mit der Ehe sollte all dies enden. Und genau das machte Fleming Angst, wie er selbst zugab: »Ich hatte mich entschlossen zu heiraten. Aber die Idee, mein Junggesellenleben aufzugeben, machte mich nervös. Um mich abzulenken, begann ich zu schreiben. So entstand James Bond.«

Fleming sollte den großen Erfolg, den James Bond durch die Verfilmung erlangt, nicht mehr erleben. Dieser wird zunächst von Sean Connery geprägt, der dem kantigen Frauenhelden sein unverwechselbares Gesicht gibt. Dann folgt, für lediglich einen Film, George Lazenby als Darsteller von 007, bevor Connery noch einmal für einen Film auf die Leinwand zurückkehrt. Auch wenn seitdem verschiedene Darsteller (Roger Moore, Timothy Dalton, Pierce Brosnan und nun Daniel Craig) die Rolle des Geheimagenten spielten – niemand hat das Bild von Bond als skrupellos-charmantem Verführer so sehr beeinflusst wie Connery, der bis heute für viele Fans der einzig wahre Bond geblieben ist. Wohl auch deshalb, weil Roger Moore später die Rolle mit sehr viel (Selbst-)Ironie versieht und ihr damit den Sexappeal nimmt.

Unter jenen, die James Bond kritischer sahen, befand sich ausgerechnet auch Terence Young, der Regisseur der ersten Filme über den Agenten mit der ungeheuren Wirkung auf Frauen: »Der Mister Bond ist ein abscheulicher Kerl, ein Sadist, der seine Gegner kaltblütig zur Strecke bringt, wenn sie unbewaffnet sind, ein Rohling, der sich Frauen gegenüber wie ein Schuft benimmt.« Dabei war es Young selbst, der Sean Connery für die Rolle entdeckte und ihm die Manieren und Weltläufigkeit beibrachte, die die Filmfigur auszeichnen und sie zu einem echten Playboy machen.

Aber auch Playboys kommen in die Jahre, werden ruhiger, leben zurückgezogener und konzentrieren sich auf das Wesentliche, denn sie wissen, dass sie seit der sexuellen Revolution und der zunehmenden Emanzipation nicht mehr allzu hoch im Kurs stehen. Eine Entwicklung, die auch an James Bond nicht spurlos vorübergegangen ist. Mit der neuesten Besetzung für die Rolle, dem britischen Schauspieler Daniel Craig, löst sich der Geheimagent im Dienste Ihrer Majestät spürbar von seinen Wurzeln als Playboy. Die Produzenten haben wohl das Gefühl, die Figur bedürfe einer Modernisierung –

James Bond: »Wer würde wohl für meinen Tod eine Million Dollar zahlen?«
M: »Eifersüchtige Ehemänner, wütende Chefs, verzweifelte Schneider – die Liste ist endlos.«

Aus: *Der Mann mit dem goldenen Colt,* 1974

vielleicht ist dies aber auch das deutlichste Anzeichen dafür, dass das Zeitalter der Playboys längst zu Ende gegangen ist. Und mit einiger Verzögerung muss das auch der Agent mit der Lizenz zum Töten lernen. Spätestens, seitdem Bond nach der Pfeife seiner nun weiblichen Chefin M (seit 1995 verkörpert Dame Judi Dench diese Rolle) tanzen muss, erhält der notorische Verführer reichlich weiblichen Gegenwind – auch von Seiten der zunehmend schlagfertigeren und schlagkräftigeren Bond-Girls, die die *girl formula* der Bond-Filme immer mehr aufweichen.

So ganz können die Produzenten der Reihe zwar noch nicht vom alten Bild der omnipotenten Playboys lassen. Doch es vermehren sich die Anzeichen für eine behutsame Veränderung der Rolle. Es wurde, gelinde gesagt, auch höchste Zeit, um den Doppelnullagenten nicht endgültig zu einem fossilen Relikt aus den Zeiten des Kalten Krieges (nicht nur der politischen Blöcke, sondern auch der Geschlechter) werden zu lassen.

Damit geht bei aller Sympathie für die Überwindung fest gefügter Rollenmuster der Zauber und die bisweilen herrlich ironische Nonchalance der alten Filme verloren – und die zum geflügelten Wort gewordenen Trinkmanieren von James Bond sowieso: Als Daniel Craig als James Bond in *Casino Royale* von einem Barkeeper gefragt wird, ob er seinen Wodka Martini geschüttelt oder gerührt serviert bekommen möchte, antwortet er: »Sehe ich aus wie jemand, den das interessiert?« – Einem Sean Connery wäre das mit Sicherheit nie passiert. Die Zeiten haben sich geändert – auch und gerade für James Bond.

Die Rückkehr der Dandys: Heroen des modernen Lebens

>>Der Dandy will Revolte,
der Metrosexuelle will Spaß.<<

Melanie Grundmann über David Beckham

>>So verschiebt sich das
Männlichkeitsbild im Hip-Hop
vom harten Körper der Straße
zur geschmeidigen Gestalt des
kosmopolitischen Dandys.<<

Uh-Young Kim auf *Spiegel Online* über die Protagonisten des Hipster-Rap

David Beckham
Ein Lifestyle-Virtuose auf dem Fußballplatz

So erbärmlich der Zustand des englischen Fußballs in den letzten Jahrzehnten auch gewesen sein mag – zumindest was die Spiele der Nationalmannschaft angeht: In Sachen Glamour, Skandal und Stilisierung kann der Fußball von der Insel locker mit den Großen der FIFA-Rangliste mithalten und überholt den Erzrivalen Deutschland mit Leichtigkeit. Legendär beispielsweise ist der Manchester-United-Superstar George Best, der 2005 an den Folgen seines ausschweifenden Lebensstils im Alter von nur 59 Jahren verstarb. Seinen playboyhaften Nihilismus packte er in die bezeichnenden Worte: »Ich habe viel Geld für Alkohol, Frauen und Autos ausgegeben, den Rest habe ich einfach verprasst«, ein Lebensmotto, das später noch Sebastian Horsley berücksichtigen sollte. Dem gerecht zu werden, bemühte sich Best nach Kräften – mit den bekannten tragischen Folgen. Ähnlich berühmtberüchtigt gebärdete sich Paul »Gazza« Gascoigne, dessen brillantes Spiel nur noch von seinen Alkoholeskapaden übertroffen wurde, die ihn an den Rand des Todes brachten. Das Leben des einst gefeierten Exzentrikers spielt sich im Wesentlichen zwischen psychiatrischen Einrichtungen und Notfallaufnahmen verschiedener Krankenhäuser ab. Die Leidenschaft, mit der Fußball in England gespielt und gelebt wird, hat auch ihre Schattenseiten.

Im gleißenden Scheinwerferlicht der öffentlichen Aufmerksamkeit hingegen steht noch immer David Beckham, der den Kult um die Ballvirtuosen seit der Mitte der 1990er Jahre in neue, bislang ungeahnte Höhen katapultiert hat. Der 1975 im Londoner Stadtbezirk Leytonstone geborene Sohn eines Küchenbauers und einer Friseurin entdeckt, auch dank der elterlichen Fußballleidenschaft, früh das runde Leder für sich und verbringt mehr Zeit auf dem Rasen als in der Schule. Unterstützt wurde er dabei noch von seinem Vater, dessen eigene Karriere als Profikicker früh scheiterte und der in seinem talentierten Sohn nun die Chance sieht, das Versäumte nachzuholen.

Der Coup gelingt, David erweist sich als außerordentliches Talent mit einem sensationellen Ballgefühl. Er besucht die Fußballschule der Spielerlegende Sir Bobby Charlton, absolviert ein Probetraining beim FC Barcelona

»Männer sollten mehr auf ihr Äußeres achten.
Das ist nur respektvoll den Frauen gegenüber.«

und wird bereits im Alter von 16 Jahren vom Lieblingsverein der Eltern, Manchester United, für die Jugendmannschaft unter Vertrag genommen. ManU sorgt mit Beckham für Furore und wird mit ihm als bestimmendem Spieler englischer Jugendmeister. Im Jahre 1995 debütiert er dann in einer Partie gegen Leeds United in der Premier League und etabliert sich schnell als Stammspieler bei der beherrschenden Mannschaft des Inselfußballs. Ein Jahr später folgt die erstmalige Berufung in die Nationalmannschaft der Three Lions, auch hier kann sich »Becks«, wie ihn die Presse getauft hat, schnell etablieren und wird rasch zu einem Führungsspieler.

In der Saison 1998/99 gelingt ManU auch dank Beckhams präzisen Flanken erstmals in der Geschichte des britischen Fußballs das »Triple«, die Mannschaft wird sowohl englischer Meister als auch Sieger des FA-Cup (vergleichbar mit dem DFB-Pokal) und gewinnt in einem furiosen Spiel mit einem echten Herzschlagfinale gegen den FC Bayern München die Champions League. Der letzte Titel ist besonders bemerkenswert, da ManU noch in der 89. Minute mit 0:1 zurückliegt und das Spiel buchstäblich in letzter Minute in ein triumphales 2:1 verwandelt. Beide Treffer fallen nach einem mit viel Effet geschossenen Eckball – und beide Male wird dieser ausgeführt von David Beckham.

Trotz der Erfolge ist »Becks« in dieser Zeit schon längst zu einer Reizfigur des britischen Fußballs geworden. Was weniger mit seinen schwankenden Leistungen auf dem Platz als vielmehr mit seinem Auftreten abseits des Platzes zusammenhängt. Denn dieser Beckham hat etwas an sich, das bei aller Begeisterung für sein immenses Können – vor allem am ruhenden Ball – unglaublich provoziert. Dies hängt vor allem mit den Veränderungen und Strömungen innerhalb der britischen Gesellschaft und Populärkultur zusammen. So hat sich in den 1990er Jahren bei den jungen männlichen Heranwachsenden Englands die rabauken- und proletenhafte *new lad culture*, deren Credo aus »Frauen, Sex und Fußball« besteht, als neue »Leitkultur« herauskristallisiert. Exzessive Besäufnisse, aggressives Auftreten gegenüber Frauen, ein betont lässiger bis vernachlässigter Kleidungsstil und eine tiefe Verachtung für alles, was auch nur annähernd nach Hochkultur aussieht, sind hip und werden zum vorherrschenden Lebensstil vieler junger Briten.

David Beckham ist trotz seiner Herkunft das exakte Gegenteil dieses neuen und doch so alten männlichen Rollenverständnisses. Anstatt seine Männlichkeit zu kultivieren, wie sich dies für einen Spieler im kampfbetonten britischen Fußball gehört, gilt »Becks« schon bald als einer der Vorreiter der Metrosexualität. Der Begriff wird im Jahr 1994 von dem britischen Journalisten Mark Simpson geprägt und beschreibt ein soziologisches Phänomen, dessen Prototyp der Kicker wird. Die Bezeichnung »metrosexuality«, die sich in den folgenden Jahren zu einem wahren Kampfbegriff entwickelt, setzt sich aus den Bestandteilen »metropolitan« und »heterosexual« zusammen. Sie beschreibt den extravaganten Lebensstil von Männern wie David Beckham, der sich vor allem dadurch auszeichnet, dass er keinerlei Wert auf vermeintlich maskuline Rollenbilder legt, sondern bewusst weibliche Attribute in sein Verhalten und seine Erscheinung integriert. Das Pikante an dieser neuen Uneindeutigkeit, die durchaus an die Androgynität und raffinierten Spielereien

Nicht zuletzt dank seiner Ehe mit dem Ex-Spice-Girl Victoria Beckham ist der Fußballspieler längst auch abseits des Fußballplatzes ein Superstar geworden.

»Fußball ist ein schwieriges Geschäft, und sind sie nicht alle Primadonnas?«
Elizabeth II., Königin von England

historischer Dandys erinnert, ist, dass nach den fest zementierten Klischees solches Verhalten bislang als typisch schwul galt. Spätestens mit Ikonen der Popkultur wie David Bowie, Morrissey, Justin Timberlake und eben David Beckham werden sie zum festen Bestandteil des heterosexuellen Mainstreams und etablieren sich. Ein unübersehbarer Trend, der sich dank neuer Produkte schnell auch in barer Münze auszahlt.

Vor allem aber gilt der Metrosexuelle als Widergänger des Dandys im Stil des 21. Jahrhunderts, wobei sich die Akzente in einigen Punkten erheblich verschoben haben. »Der Dandy will Revolte, der Metrosexuelle will Spaß«, bringt die Kulturwissenschaftlerin Melanie Grundmann die Unterschiede auf den Punkt. Was für arrivierte Künstler wie David Bowie und Morrissey weniger gilt, trifft auf Lifestyle-Ikonen wie Timberlake und Beckham umso mehr zu. Sie unterlaufen das klassische Männerbild des proletenhaften *lad*.

Dass nun ausgerechnet in ihrer Domäne, nämlich auf dem grünen Rasen, ein junger Mann zum Star wird, der so gar nicht in das reaktionäre Rollenverständnis der Rabauken passt, provoziert Hohn, Spott und Verachtung. Nach der Heirat Beckhams mit dem »glamour girl« Victoria Caroline Adams, die früher als Posh Spice Mitglied der erfolgreichen Girl-Group *Spice Girls* war, erreichen die Konfrontationen mit den Fans eine neue Stufe. Spielt Beckham einmal unter seinen Möglichkeiten, ist mit Sicherheit seine Gattin, der aufwendige Lebensstil des Paares oder gar beides schuld daran. Als der Fußballer sich in einem Interview zu der Marotte bekennt, bisweilen bei Spielen die Unterwäsche seiner Frau zu tragen, bestätigt das viele Fans in ihrer Ansicht, dieser Kicker sei definitiv nicht länger einer der Ihren.

Zur Saison 2003 wechselt David Beckham zu den »Galaktischen« von Real Madrid – zu diesem Zeitpunkt ist aus dem »Spice Boy« längst eine globale Marke geworden. Was neben den sportlichen Erwägungen Insidern zufolge der Hauptgrund für den Wechsel gewesen sein soll, der Beckham 35 Millionen Euro einbringt. Binnen eines Tages sind die Trikots mit der Rückennummer 23 ausverkauft. Insgesamt addieren sich die Merchandising-Einnahmen mit Fanartikeln für die Marke Beckham auf mehrere Millionen Euro und bescheren den »Galaktischen« neben sportlichen Ausnahmekönnern wie Zinédine Zidane und Ronaldo vor allem ein Jetsetpaar, das die spanischen und internationalen Medien auf Trab hält. Im Lauf der Jahre interessieren die ständig neuen Fri-

»Dem Umsatz würde es guttun. Aber wenn David Beckham seine sieben Ferraris mitbringt, wird es eng. Parkplätze sind äußerst knapp bei Real Madrid.« Fernando Hierro, damals Mannschaftskapitän von Real Madrid, als er zum sich abzeichnenden Wechsel Beckhams zu den »Galaktischen« befragt wird

surentrends und Tattoos von David sowie der letzte Klatsch aus dem glamou-rösen Leben der Beckhams mehr als die extremen Ausschläge in der Formkurve des Kickers. Der berühmte rechte Fuß hat seine Schuldigkeit getan.

Im Jahr 2007 ziehen die Beckhams nach Los Angeles, wo sie nach Mei-nung vieler Beobachter aufgrund ihrer großen Affinität zum Showbiz ohne-hin besser hinpassen als in die europäischen Metropolen. Davids neuer Verein, die L. A. Galaxy, lockt dazu mit einem üppig dotierten Vertrag und erhofft sich von dem kickenden Dandy einen Publicity-Schub für den noch ausbaufähigen Fußballsport in den USA. Als die Leistungen Beckhams zu wünschen übrig lassen, wird er an den AC Milan ausgeliehen – auch dies ein Club, dessen Be-sitzer Silvio Berlusconi vor allem auf die Glamourqualitäten der Beckhams setzt. Gut möglich, dass dies Beckhams letzte Station als Kicker sein wird.

Betrachtet man Beckhams Karriere unter rein sportlichen Aspekten, spricht vieles in den letzten drei Jahren für einen aufreizend lässigen Umgang des Kickers mit seinem Ausnahmetalent. Vielleicht entspricht diese Inszenie-rung aber auch schlicht der Selbsterkenntnis, dass »Becks« fußballerisch sei-nen Zenit längst überschritten hat. Die zweite Karriere hingegen als Fashion-Ikone und metrosexueller Dandy, sie steht noch am Anfang.

»David hat den besten rechten Fuß der Welt.«

Der englische Nationaltrainer Sven-Göran Eriksson in einem Interview während der Fußball-WM 2006

André Benjamin
Ein Dandy-Rapper, Hipster und Gentleman

»The World's Sexiest Vegetarian«: Der Rapper André Benjamin alias André 3000 setzt innerhalb der Hip-Hop-Szene nicht nur modisch neue Akzente.

Schwere Goldketten, Schlabberhosen, die bis zu den Kniekehlen hängen, Baseballkappen und XXXL-Basketballtrikots in schrillen Farben, dazu aufgemotzte Ami-Schlitten mit viel Chrom, Sexismus, Gewaltverherrlichung und Chauvinismus – die Hip-Hop-Kultur gilt nicht gerade als Hort des verfeinerten Geschmacks und der geschliffenen Umgangsformen und hat dementsprechend wenig mit modernen Formen des Dandytums zu tun. Die Rollenbilder und Klischees der Rapper und MCs orientieren sich an anderen Selbstinszenierungsformen, sie sind allenfalls Gangster, Zuhälter, Ghetto-Prinzen oder neureiche Playboys mit deutlicher Neigung zum Posen und zur peinlichen Zurschaustellung des angehäuften Reichtums. Immerhin – und darauf beschränken sich schon die Gemeinsamkeiten mit den Dandys des 19. Jahrhunderts – verstehen sie sich als Teil einer ästhetischen Opposition gegen den Mainstream, halten sie mittels ihres Stils, ihres Codes und ihrer Verhaltensweisen der Gesellschaft einen Spiegel vor und reflektieren Sichtweisen auf die afroamerikanische Community und die eigenen, zumeist desolaten Lebensbedingungen.

Was anfangs ein ironisch gebrochenes Aufbegehren gegen Rollenzuschreibungen war, ist vor allem in den 1990er Jahren zum (blutigen) Ernst geworden. Im Wettlauf um Glaubwürdigkeit bei den zahlungskräftigen Kids gelten Schusswunden wie bei dem Rapper »50 Cent« als Garant für eine »echte« kriminelle Laufbahn, organisieren sich Gruppen innerhalb der Szene als Gangs, die gegen die jeweils anderen mit aller Härte vorgehen und auch vor Morden nicht zurückschrecken. In einer solchen Atmosphäre haben feinsinnige Ästheten vorerst keine Chance, gelten sexuelle Uneindeutigkeit und der spielerische Umgang mit Geschlechterrollen automatisch als verweichlicht und verachtenswert.

Dass es auch anders geht, dass Hip-Hop mehr ist als die stupide Wiederholung ewig gleicher Formeln und Klischees, zeigt sich gerade in den letzten Jahren und gibt dem ehemals verrufenen Musik-Genre eine ganz neue Stoßrichtung. An der Spitze dieser neuen Bewegung stehen Künstler wie Kanye West, Pharrell Williams und vor allem André Benjamin, die beweisen, wie viel

Weit weg von den
Klischees und
dem Gangsta-Style
des Hip-Hop
inszeniert sich
Benjamin als moderner
Dandy und gibt
der Musik damit eine
neue Richtung.

Glamour und Ästhetik im Hip-Hop stecken können. Bei Benjamin, Mitglied der Formation *OutKast* (ein Kunstwort, das auf den Begriff *outcast*, englisch für »Außenseiter«, verweist), sind die Anspielungen an das Dandytum offensichtlich. Er gilt als einer der Hauptvertreter des »Dandy-Rap« und repräsentiert das grundlegend neue Selbstverständnis von Teilen der Hip-Hop-Szene.

Dabei deutet anfangs wenig darauf hin, dass der 1975 in Atlanta, Georgia geborene Benjamin später einmal in die Fußstapfen berühmter Lebemänner und Ästheten treten würde. Seine Kindheit verbringt er in ärmlichen Verhältnissen und lebt meist bei seiner alleinstehenden Mutter, manchmal aber auch bei seinem Vater. Trotz dieser schwierigen Umstände ist der Junge hellwach und interessiert sich vor allem für Mode und Musik; begierig saugt er verschiedenste Inspirationen auf, wird zum glühenden Verehrer der Jazz-Ikone John Coltrane, begeistert sich für Funk und lernt aufgrund seines musikalischen Talents Geige. Auf der Tri-Cities High School trifft Benjamin, der

»Früher habe ich immer die alten Männer in meiner Nachbarschaft beobachtet, die Art und Weise, wie sie sich gegeben haben. Und dann gab es diese Filme wie Legenden der Leidenschaft und Der große Gatsby – die Kleidung darin war so perfekt, so unglaublich. Das ist für mich wahrer Stil – alles was bequem ist und die eigene Persönlichkeit ausdrückt und dafür sorgt, dass man ein bisschen aufrechter steht.«

»Hip-Hop ist tot. Das Zeug, das ich mache, resultiert aus der Langweiligkeit des Hip-Hop, wie er jetzt ist.«

sich anfangs »Dre«, dann »André 3000« nennt, auf seinen Mitschüler Antwan Patton (Künstlername »Big Boi«). Obwohl die beiden jungen Musiker denkbar unterschiedlich sind, gründen sie nach verschiedenen Auftritten bei Rap-Battles die Formation *OutKast* und veröffentlichen kurz nach dem Ende ihrer Schulzeit im Jahr 1994 die erste Single mit dem Titel *Players' Ball*. In dieser Zeit entwickelt sich Atlanta gerade neben den rivalisierenden Zentren East Coast (New York) und West Coast (Los Angeles) zum kreativen Schmelztiegel, der einen eigenen Hip-Hop-Stil hervorbringt. *OutKast* sind Vorreiter des neuen Sounds, der sich »Dirty South« nennt und der dafür bekannt wird, immer wieder die engen Grenzen des Hip-Hop zu überschreiten und Einflüsse aus Funk, Soul sowie Jazz einzubinden.

Die erste Platte des dynamischen Duos mit dem Titel *Southernplayalisticadillacmuzik*, ebenfalls von 1994, weist vor allem bei den Texten noch deutliche Anleihen beim Gangsta-Style auf, erreicht aber auf Anhieb Platz 20 der Billboard-Charts und wird mit Platin ausgezeichnet. Schon zwei Jahre später erscheint *OutKasts* neues Album mit dem Titel *ATLiens*, mit dem sich die beiden Musiker von der Formelhaftigkeit und Uniformität anderer Bands emanzipieren. Schon der Titel der Platte setzt ein selbstbewusstes Zeichen – die Zusammensetzung aus »Atlanta« und »Aliens« macht *OutKast* nicht zum gesellschaftlichen Außenseiter, sondern vor allem zu einer Formation, die sich wenig um andere Strömungen im Hip-Hop schert, sondern lieber eigene Trends setzt. Das bringt ihnen allerdings nicht immer nur Beifall ein, sondern auch zahlreiche Anfeindungen, die vor allem auf »André 3000« als Reizfigur abzielen. Immer wieder wird er »gedisst«, wird über eine angebliche Homosexualität Benjamins spekuliert, weil sein Stil und sein Verhalten einfach nicht in das Rollenverständnis eines echten Rappers passen. Benjamin bleibt trotz dieses Wirbels und der Auseinandersetzungen noch – ganz im Stile eines wahren Dandys – gelassen.

Mit den Alben *Aquemini* (1998), *Stankonia* (2000) und *Speakerboxxx / The Love Below* (2003) verfeinern »Big Boi« und »André 3000« ihren Stil weiter, erhalten höchstes Lob aus den Feuilletons – und sind zugleich ungeheuer erfolgreich. 2006 folgt mit *Idlewild* ein weiterer Streich, der sämtliche Grenzen des Hip-Hop überschreitet: Neben Dirty-South-Songs vermischen *OutKast* Jazz, Blues, Swing, Soul, R&B und Psychedelic zu einer aufregenden Mixtur, die die Kritiker begeistert und die Hip-Hop-Gemeinde spaltet. Zum Album erscheint ein gleichnamiger Spielfilm, der mit den beiden Rappern als Hauptdarstellern eine Geschichte vom Aufstieg zweier junger Musiker in den von der Weltwirtschaftskrise geprägten 1930er Jahren erzählt. Spätestens hier-

Raus aus den Ghettos: Auch in seiner Modelinie »Benjamin Bixby«, die der Musiker im Frühjahr 2008 vorstellte, zeigt sich Benjamin als selbst- und stilbewusster Künstler, der voll dem modernen Bild der Afroamerikaner in den USA als erfolgreich, ehrgeizig und kreativ entspricht.

mit wird die Musik von *OutKast* endgültig zum Gesamtkunstwerk, das die bislang engen Grenzen des Genres niederreißt.

Seit *Idlewild* ist kein neues gemeinsames Album von *OutKast* mehr erschienen. Beide Musiker arbeiteten stattdessen intensiv an Soloprojekten. Im Jahr 2010, so heißt es in verschiedenen Interviews, soll es allerdings wieder eine neue gemeinsame Platte geben.

Ein Geheimnis des Erfolgs von *OutKast* liegt in der Gegensätzlichkeit der beiden Musiker: Während »Big Boi« nicht nur dem Künstlernamen nach, sondern auch äußerlich dem Ideal eines B-Boys nahekommt, ist »André 3000« derjenige, der wie ein echter Dandy rasend schnell die Rollen wechselt und der mit allem, was er tut oder wie er sich kleidet, Exzentrik, Eleganz und einen guten Riecher für Trends und die Moden vergangener Jahrzehnte ausstrahlt.

Benjamins anscheinend unbändige Kreativität beschränkt sich nicht nur auf das Rappen, er beherrscht unzählige Instrumente, malt, tritt als Darsteller in Filmen wie *Four Brothers* (mit Mark Wahlberg) oder *Be Cool* (mit John Travolta und Uma Thurman) auf und war zeitweise an Quentin Tarantinos Produktionsfirma *A Band Apart* beteiligt.

Daneben – ungewöhnlich genug – raucht und trinkt Benjamin nicht, nimmt keine Drogen und ernährt sich vegan, was ihm im Jahr 2008 den Titel des »most sexy vegetarian« der Tierschutzorganisation PETA (»People for Ethical Treatment of Animals«) einbringt. Vier Jahre zuvor war Benjamin vom *Esquire Magazine* bereits zum bestangezogenen Mann des Jahres gewählt worden. Stil, politisches Bewusstsein und Engagement schließen sich in der Welt André Benjamins keineswegs aus, sondern geben dem modernen Dandytum eine neue, weltzugewandte Facette, die durchaus Vorbildcharakter besitzt. Wer hätte gedacht, dass sich der viel geschmähte Hip-Hop einmal in diese Richtung entwickeln würde?

Wie sehr sich das Denken und das Stilempfinden in der amerikanischen Hip-Hop-Szene verändert haben, kann man gut an André Benjamins neuem Modelabel »Benjamin Bixby« ablesen, das der im Frühjahr 2008 einer staunenden und begeisterten Öffentlichkeit vorstellte. Dass Rapper eigene Modelinien präsentieren, ist nichts Neues. Der Stil hingegen, in dem die Kollektion Benjamins gehalten ist, erstaunt selbst Modeexperten und Kenner des extravaganten Geschmacks von »André 3000«. Statt des typischen B-Boy-Styles

»*Der Nihilismus des Überlebenskampfes im Ghetto ist dem Narzissmus eines Jetset gewichen, in dem Rapstars heute die Trends setzen.*« Uh-Young Kim
auf Spiegel Online

zitiert das vom Londoner Nobelkaufhaus Harrod's vertriebene Label den glamourösen Look der 1920er und 1930er Jahre und erscheint wie eine Mischung aus dem Kostümfundus zu F. Scott Fitzgeralds Dandyroman *Der große Gatsby* und der Football-Bekleidung der Eliteuniversitäten der *Ivy League*. Tweed und Strickpullover statt Schlabbershirts und Baseballcaps – größer und selbstbewusster kann die Revolutionierung der Hip-Hop-Mode eigentlich kaum ausfallen.

»Dandy-Rapper« wie Kanye West oder eben André Benjamin verkörpern das neue Selbstbewusstsein der Afroamerikaner, die nun als coole Hipster die Gangsta-Rapper der Bush-Ära das Fürchten lehren. Mit dem Amtsantritt des ersten farbigen US-Präsidenten Barack Obama sind die Ghettokids nicht mehr länger die Außenseiter der amerikanischen Gesellschaft, sondern nach den Vorstellungen der smarten und stilbewussten Hip-Hopper die Speerspitze der Avantgarde. Der Marsch der Afroamerikaner durch die Gesellschaft, er umfasst nicht nur das Weiße Haus, sondern auch die Musik- und Modeindustrie. Man darf gespannt sein, wie sich der Hip-Hop in den nächsten Jahren verändern wird.

Die Zukunft
der schönen Männer

Von den Ursprüngen des Dandytums am Ende des 18. Jahrhunderts bis in die Gegenwart reicht der Bilderbogen der schönen Männer, der Dandys und der Playboys. Man muss kein Prophet sein, um festzustellen, dass zumindest das Dandytum auch in Zukunft eine Rolle spielen wird. Angesichts der Veränderungen im Verhältnis der Geschlechter dürfte hingegen dem Playboy, diesem oftmals ein wenig vulgären, protzigen und vor allem unglaublich virilen Mann, der seinen Müßiggang, seinen Reichtum und seine zahlreichen Eroberungen ostentativ zur Schau stellt, keine allzu glorreiche Zukunft beschieden sein. Selbst im Hip-Hop, einer der letzten Trutzburgen des Playboy-(Un)-Wesens, setzt gerade ein Prozess des Umdenkens ein, wie man an Künstlern wie Kanye West oder eben André Benjamin bestens beobachten kann.

Die hier vorgestellten schönen Männer, die sich zumeist in treuer Gefolgschaft zu Dandys wie Beau Brummell oder anderen männlichen Vertretern des schönen Scheins und des schönen Seins befinden, sind nur ein kleiner Ausschnitt einer Ahnengalerie, die sich über mehr als zwei Jahrhunderte erstreckt und deren Nachfolger immer zahlreicher die gesellschaftlichen Bühnen bevölkern. Doch trotz des Bemühens, Männer aus allen Zeiten und allen Bereichen des öffentlichen Lebens zu versammeln, fällt auf, dass es beinahe ausschließlich Engländer sind oder zumindest Männer, die in England geboren wurden und aufwuchsen. Kann es sein, dass der Dandy, diese urbritische Erfindung, das Klima der Insel und die ganz spezielle Mentalität der Briten benötigt, um besonders prächtig gedeihen zu können?

Für diese Hypothese spräche ebenfalls, dass es noch heute vor allem Briten sind, die das Dandytum ins 21. Jahrhundert katapultieren: Paul Weller, der »Ex-Obermod«, der Initiator einer der stilsichersten Bands der 1980er Jahre (deren Namen *The Style Council* natürlich bestens passt) und »Godfather of Britpop«, ist mit Sicherheit ein waschechter Dandy. Ebenso Jarvis Cocker, der mit *Pulp* Furore machte und ganz gewiss auch Robbie Williams. Selbst Pete Doherty, die ewige Skandalnudel, hat mit Sebastian Horsley mehr gemeinsam, als beiden lieb sein dürfte. Auch Blake Fielder-Civil darf getrost zu den *new dandies* gezählt werden, die ihrerseits ihre Wurzeln bei (natürlich britischen) Musikern wie denjenigen von *The Kinks*, Marc Bolan, David Bowie, Adam Ant und natürlich Morrissey haben.

In Frankreich hingegen, jenem Land, in dem die historischen Dandys mit Vertretern wie Jules Amédée Barbey d'Aurevilly, Charles Baudelaire und Joris-Karl Huysmans nach England am meisten Einfluss auf das Geisteswesen nahmen, sucht man eine Renaissance der schönen Männer unter den Prominenten vergeblich. Von einigen Ausnahmen wie dem »DJ Dimitri from Paris« oder dem Pop-Phänomen Helmut Fritz, der im Jahre 2009 mit *Ça m'énerve* den Sommerhit der Saison ablieferte, mal abgesehen.

Ein waschechter Kosmopolit hingegen ist der 1977 geborene Lapo Elkann, der im Jahre 2007 vom Internet-Zentralorgan www.dandyism.net zum Dandy des Jahres gewählt wurde. Aus bester und extrem reicher Familie stammend (Lapo ist der Lieblingsenkel des Fiat-Patriarchen Giovanni »Gianni« Agnelli und Bruder von John Elkann, dem derzeitigen Vize-Präsidenten der Fiat-Gruppe), verpasste Lapo der in die Jahre gekommenen Marke Fiat mit viel Geschick ein deutlich jüngeres Image – und geriet prompt in einen Skandal, bei dem nicht nur Drogen, sondern auch Sex eine wichtige Rolle spielten – was wiederum wenig dandy-like ist. Doch spätestens seit Oscar Wilde wissen wir, wie schwer es manchmal sein kann, dem dandyistischen Ideal der Enthaltsamkeit zu folgen. Überhaupt, so scheint es, durchmischen sich im späten 20. Jahrhundert die Dandys und die Playboys gehörig, da sie trotz aller Unterschiede doch einiges gemeinsam haben.

Auch in anderen Bereichen des öffentlichen Lebens und sogar in Deutschland, wo man sonst Exzentrik eher reserviert gegenübersteht, konnte man eine kleine Renaissance des Dandytums feiern – und das ausgerechnet in der Literatur, seit vielen Jahren eher ein Ort des modischen Understatements, der Cordhosen und Rollkragenpullover. Ende der 1990er Jahre machte eine Gruppe junger Schriftsteller um Joachim Bessing, Benjamin von Stuckrad-Barre, Christian Kracht, Eckhart Nickel und Alexander von Schönburg als

»popkulturelles Quintett« als moderne Wiedergänger der Dandys auf sich aufmerksam. Jedoch hält sich bis heute der Verdacht, dass die ganze Inszenierung lediglich Teil einer geschickten Marketing-Strategie war. Ebenfalls an berühmte Vorbilder gemahnt Steffen Kopetzky, der mit *Grand Tour oder die Nacht der Großen Complication* einen der unterhaltsamsten deutschen Romane der letzten zehn Jahre vorlegte.

Die erstaunlichste Renaissance feierte das Dandytum aber ausgerechnet in einem Land, das einem vollkommen anderen Kulturkreis angehört und das deshalb über geringe Verbindungen zum zentraleuropäischen Phänomen der schönen Männer verfügt. In den 1990er Jahren entstand hier die Subkultur der »Lolita Fashion«, die mittlerweile auch in Europa bekannt geworden ist und die sich bis heute gehalten und ständig weiterentwickelt hat. In dieser Modebewegung gibt es neben verschiedenen anderen Stilen auch den so genannten Dandy-Stil sowie *ji* und *Kodona*, die sich allesamt an der viktorianischen Mode und modischen Vorbildern wie Oscar Wilde und Charles Baudelaire orientieren. In den lustvollen Maskeraden der Jugendlichen und jungen Erwachsenen, die man jeden Sonntag im Tokioter Szeneviertel Harajuku flanieren sieht, verschwinden die Grenzen der Geschlechter, wird der Auftritt zu einem Fest der Zitate und Vorbilder sowie einem durchaus avantgardistischen Gemisch aus Formen, Farben und Stoffen.

Darüber hinaus gibt es bestens informierte Websites wie www.dandyism.net, www.theflaneur.co.uk und www.taistoisoisbeau.com sowie andere Webpublikationen, Magazine wie das »anarcho-dandyistische« und sehr britische Heft *The Chap* aus England oder *Fantastic Man* aus den Niederlanden, in denen der Geist der schönen Männer von einst weiterlebt.

Ob all dies nun ein echter Trend ist oder vielmehr das Recyclen einer Mode- und Lebenshaltung, die bis heute fasziniert, lässt sich nicht abschließend feststellen. Vieles spricht für ein neu erwachtes Interesse an den Dandys: Diese, so liest man immer wieder, sind vor allem dann präsent, wenn sich die Gesellschaft in einer Krise, in einer Phase des Übergangs befindet und wenn Tradition und Moderne aufeinandertreffen. In Zeiten wie diesen, in denen sich Klagerufe über den Zustand unseres Planeten, über das Ende des alten Wertesystems und über die permanenten Gefahren einer globalisierten und labilen Wirtschaft mit schöner Regelmäßigkeit wiederholen, stehen die Chancen für eine neue, nonkonformistische Dandy-Bewegung nicht schlecht. Schon allein deshalb, weil diese Männer uns den Spiegel vorhalten, weil sie nicht nur schön sind und ein aufregendes Leben führen, sondern auch Haltung zeigen. So weit scheint der weiteren Zukunft der schönen Männer jedenfalls nichts entgegenzustehen.

Joachim Kurz

Biografien

Andy Warhol

Geboren 1928 in Pittsburgh, arbeitete zunächst als Werbegrafiker, bevor er zu Beginn der 1960er Jahre zu einem der Hauptprotagonisten der Pop-Art avancierte. Seine Factory im Herzen New Yorks wurde zu einem Epizentrum der Avantgarde und der scheue Warhol zu dem Superstar der Kunstszene und der Klatschspalten. Warhol starb 1987 in New York, sein Werk ist bis heute eines der bedeutendsten und umstrittensten des 20. Jahrhunderts.

George Bryan Brummell

Genannt Beau Brummell, geboren 1778, gilt als erster echter Dandy und als ungekrönter König über die elegante Gesellschaft Londons. Wegen seiner spitzen Zunge und seiner respektlosen Geschmacksurteile fiel er beim englischen Kronprinzen in Ungnade und musste das Land 1818 wegen Spielschulden verlassen. Er starb 1840 verarmt in Caen in Frankreich.

Oscar Fingal O'Flahertie Wills Wilde

Geboren 1854 in Dublin, gilt neben Beau Brummell als Inbegriff des Dandys und spätestens nach seinem Roman Das Bildnis des Dorian Gray *als einer der bedeutendsten Schriftsteller englischer Sprache. Nach dem Skandal um sein homosexuelles Verhältnis zu Sir Alfred Douglas wurde Wilde zu zwei Jahren Zuchthaus mit Zwangsarbeit verurteilt. Gebrochen und geächtet starb er 1900 im Pariser Exil.*

Markus Lüpertz

Geboren 1943 in Liberec, ist einer der bekanntesten deutschen Maler der Gegenwart und leitete von 1988 bis 2009 als Rektor die Geschicke der Düsseldorfer Kunstakademie. Sein stilsicheres Auftreten und sein extravaganter Lebensstil brachten ihm den Ruf eines »Malerfürsten« ein. Lüpertz' künstlerisches Werk wurde mit zahlreichen Preisen ausgezeichnet. Für das Jahr 2010 plant Lüpertz die Eröffnung einer privaten Kunstakademie in Potsdam.

Karl Lagerfeld

Geboren 1933 in Hamburg, ist einer der erfolgreichsten Modeschöpfer unserer Zeit, zudem Designer, Fotograf und Kostümbildner. 1983 wechselte der stets extravagant gekleidete Lagerfeld zu Chanel, ein Jahr später gründete er sein eigenes Label Karl Lagerfeld, das er 2005 an Tommy Hilfiger verkauft. »Karl der Große«, wie er genannt wird, lebt in Paris und Biarritz.

Sebastian Horsley

Geboren 1962 als Spross einer Industriellenfamilie, arbeitete als Künstler, Callboy, Börsenmakler, Kolumnist und hat sein glamouröses Leben vollkommen dem Genuss und der Verschwendung verschrieben. Seine (freiwillige) Kreuzigung im Jahr 2000 ist ebenso legendär wie seine detailreiche Autobiografie Dandy in der Unterwelt *und die Verweigerung der Einreiseerlaubnis durch die US-Grenzbehörden 2008.*

Cary Grant

1904 in Bristol, England als Alexander Archibald Leach geboren, schloss sich bereits im jugendlichen Alter einer Komödiantentruppe in England an und blieb nach einer USA-Tournee in den Vereinigten Staaten. Er wurde dort zu einem der bekanntesten und beliebtesten Filmschauspieler Hollywoods. Hoch geachtet und vielfach ausgezeichnet starb er 1986 in Iowa. Bis heute ist er eine Legende der Leinwand geblieben.

Rupert Everett

Geboren 1959 in Norfolk, verließ die Schule mit 15 Jahren, um Schauspieler zu werden. Seinen Durchbruch am Theater hatte er 1984 mit dem Stück Another Country. *Es folgte eine wechselhafte Karriere auf der Bühne und im Film, wo er 1989 mit* Die Hochzeit meines besten Freundes *den vorläufigen Höhepunkt seiner Karriere erlebte. Der bekennende Schwule macht aber auch immer wieder durch (auch heterosexuelle) Affären von sich reden.*

Hermann Fürst von Pückler-Muskau

Geboren 1785 auf Schloss Muskau in der Oberlausitz, führte als Erbe der Standesherrschaft Muskau ein abenteuerliches Leben und avancierte mit seinen Briefen eines Verstorbenen *zu einem der erfolgreichsten deutschen Schriftsteller des 19. Jahrhunderts. Ausgedehnte Reisen führten ihn nach Nordafrika, Konstantinopel und Griechenland. Durch seinen Park in Bad Muskau und seine Schriften gilt er als wichtiger Landschaftsarchitekt seiner Zeit.*

James Bond

Seit 1952 erlebt der Geheimagent im Dienste Ihrer Majestät aus der Feder Ian Flemings rund um den Globus die aufregendsten Abenteuer und erobert seit 1962 auch auf der Leinwand die Herzen der Frauen. Der Playboy und Geheimagent des britischen MI6 ist die erfolgreichste Filmfigur in der Geschichte des Kinos und längst zu einem festen Bestandteil der Populärkultur geworden.

David Bowie

1947 als David Robert Heyward-Jones in London geboren, ist einer der einflussreichsten Popmusiker unserer Zeit. Seit dem Ende der 1960er Jahre hat er sich in unzähligen Rollenwechseln und Metamorphosen immer wieder neu erfunden und gilt als einer der vielseitigsten und innovativsten Künstler der Popmusik. Bowie ist mit dem ehemaligen Model Iman Abdulmajid verheiratet und lebt mit seiner Familie in New York.

Arndt von Bohlen und Halbach

1938 in Berlin-Charlottenburg als einziger Sohn von Alfried Krupp von Bohlen und Halbach geboren, verzichtete 1966 auf sein Erbe am Familienunternehmen und ermöglichte damit die Überführung von Krupp in eine Stiftung. Arndt, der fortan den Namen Krupp nicht mehr tragen darf, wird zu einer schillernden Figur des internationalen Jetsets und stirbt 1986 in München an Krebs.

David Beckham

1975 in Leytonstone in London geboren, ist einer der bekanntesten englischen Fußballspieler. Nach langen Jahren bei Manchester United wechselte er 2003 zu Real Madrid. 2007 ging er in die USA zu Los Angeles Galaxy, derzeit spielt er beim AC Mailand. Bekannt wurde Beckham neben seinen fußballerischen Fähigkeiten vor allem durch seine glamouröse Ehe mit dem Ex-Spice-Girl Victoria und durch seine Vorliebe für extravagante Auftritte.

Morrissey

1959 als Steven Patrick Morrissey in Manchester geboren, war Sänger und Frontmann der 1980er-Jahre-Indie-Band The Smiths, *die 2004 vom* New Musical Express *zum »most influential artist ever« gekürt wurde. Nach dem Ende der Band im Jahre 1987 startete der Provokateur und glühende Verehrer Oscar Wildes eine erfolgreiche Solokarriere, die bis heute anhält. Angeblich arbeitet er gerade an einer Autobiografie.*

Porfirio Rubirosa Ariza

Geboren 1909 in der Dominikanischen Republik, gilt als größter Playboy aller Zeiten. Zu den Eroberungen des berühmtberüchtigten Diplomaten sollen neben fünf Ehefrauen auch Ava Gardner, Joan Crawford, Jayne Mansfield, Marilyn Monroe, Christina Onassis, Evita Perón und etliche andere Berühmtheiten der Nachkriegszeit gehören. Rubirosas schnelles Leben endete – standesgemäß – beim Unfall mit einem Ferrari im Bois de Boulogne in Paris.

André Lauren Benjamin

Alias »André 3000«, Geboren 1975 in Atlanta, Georgia, gründete zu Beginn der 1990er Jahre gemeinsam mit Antwan André Patton alias »Big Boi« das Hip-Hop-Duo OutKast. Neben seiner Musik gilt Benjamin als Wegbereiter des neuen Dandy-Styles im sonst eher rauen Hip-Hop-Geschäft und als Modeikone. Zudem arbeitet der bekennende Veganer gelegentlich als Schauspieler und wurde 2004 zum »Best Dressed Man in the World« gewählt.

Impressum

Bibliografische Information Der Deutschen Bibliothek
Die Deutsche Nationalbibliothek verzeichnet diese Publikation in der Deutschen
Nationalbibliografie; detaillierte bibliografische
Daten sind im Internet unter http://dnb.d-nb.de abrufbar.

Deutsche Originalausgabe
Copyright © 2010 von dem Knesebeck GmbH & Co. Verlag KG, München
Ein Unternehmen der La Martinière Groupe

Gestaltung: Fabian Arnet, Knesebeck Verlag
Herstellung: Büro Sieveking, München
Lithografie: Reproline mediateam, München
Druck: Firmengruppe APPL, aprinta druck, Wemding
Printed in Germany

ISBN 978-3-86873-107-1

www.knesebeck-verlag.de

Bildnachweis

Agentur Focus S. 1 + 33 + 34 (Gabriella Meros), 51 (Paul Schirnhofer), 89 (Rene Burri); **akg-images** S. 14, 19 (Marion Kalter), 31, 45, 55 (Album), 57, 72 (Jazz Archiv Hamburg), 103 + 107 (United Artists/Album), 104 rechts unten (20th Century Fox/Album); **bpk** S. 28 (Napoleon Sarony), 92 (Benno Wundshammer); **Corbis** S. 43 (Bob Adelman), 58 (Condé Nast Archive), 61 (Marianne Rosenstiehl/Sygma), 65 (Tony Frank/Sygma), 97 + 101 (Bettmann), 104 rechts oben (Sunset Boulevard), 104 links unten (Mark Bryan Makela), 111 (Rune Hellestad), 112 (Mike Segar/Reuters), 112 (Toby Mellville/Reuters), 118 (Ramin Talaie); **dpa Picture-Aliance** S. 13 (KPA/TopFoto), 17 (maxppp), 47, 48, 69 + 71 links (KPA/TopFoto), 71 rechts (imagestate/HIP), 83 + 85 + 86 (akg-images), 90, 92, 115; **Getty Images** S. 37, 41 (Bob Thomas), 42 (Time & Life Pictures), 62, 75 + 76 (Redferns), 79, 98, 117, 121; **Magnum** 104 links oben (George Roger/ magnum); **ullstein bild** S. 20 (beide: Roger Viollet), 23 (SIPA), 27, 73 (AP)

Dank

Wenn auch auf dem Umschlag eines Buches nur ein Name als Autor steht, so verbergen sich doch stets viele helfende Hände und Köpfe hinter einer Veröffentlichung wie dieser. Danken möchte ich einigen ganz besonderen Menschen, vor allem Christine, Clara und Selma, meiner Familie, ohne die dieses Buch nicht möglich gewesen wäre. Zudem gilt meine Zuneigung allen Menschen, die mich seit langem begleiten, die mich manchmal ertragen, oft anregen und immer unterstützen.
 Darüber hinaus geht mein Dank an Aenne Glienke, die zweieinhalb Jahre lang an dieses Buch geglaubt hat. Und natürlich an den Knesebeck Verlag, namentlich an Frau Dr. Maria Platte und Marc-Frederic Schmid, die sich mit mir stets auf die denkbar konstruktivste und angenehmste Weise über dieses Buch auseinandersetzten. Joachim Kurz